乳幼児教育から考える 保育所・幼稚園・こども園

少子化時代の
保育と教育

社会福祉法人清隆厚生会 理事長 坂﨑隆浩 著

響きあう保育シンフォニー

少子化時代の保育と教育

目次

序曲　響きあう、保育シンフォニー～様々な立場を超えて～……4

第一楽章　転換期にある乳幼児施設……8

第二楽章　保育所・幼稚園・認定こども園の保育と教育……14

第三楽章　国際的な乳幼児教育への取り組み……24

ペリー就学前計画……25

ＯＥＣＤにおける乳幼児教育分野の取り組み……26

第四楽章　超スマート社会の到来に必要な能力を育てる……30

幼稚園教育要領改訂のポイント……34

非認知的能力（スキル）……40

アクティブ・ラーニング……42

第五楽章　０歳児から積み上げられる乳幼児教育と保育の専門性……48

０歳児からの子どもの発達とその保育について……53

保育の専門性について……62

第六楽章　今後の速やかな一元化に向けて……70

給付の一体化と多様な施設……71

カリキュラム（要領及び指針）の統合……76

用語の共通化そして統一……78

保育者の資格の統一と養成・研修・評価……79

子どものための省庁の一元化と財源問題……83

第七楽章　貧困の国からの脱却　子ども・子育て関連3法とその先にあるもの……86
再度、保幼小接続連携の重要性……87
貧困の国からの脱却について……89
終曲　これ以上はない大切なものへ（保育者はアーティスト）……94

坂崎eyeコラム　目次

①Early Childhood Education and Careの訳語について…… 8
②発達保育実践政策学センターの概要 …… 9
③保育の定義を再確認する……18
④幼稚園と幼児教育……22
⑤幼児教育の充実……23
⑥ペリー就学前計画の概要……28
⑦乳幼児教育の効果はIQテストでは測れない ……29
⑧ＡＩの進化……33
⑨幼稚園教育要領・保育所保育指針の誕生まで ……45
⑩現状の問題点❶　待機児童……46
⑪現状の問題点❷　少子化……47
⑫現状の問題点❸　虐待……47
⑬「環境による保育」と「ねらいと内容」……49
⑭満３歳児問題……51
⑮幼児期の自立と幼小接続……52
⑯レッジョ・エミリアと日本式ドキュメンテーション……67
⑰園長等の保育者に求められる９つの専門性……69
⑱現状の問題点❹　処遇改善……83
⑲フィンランドの子育て支援　ネウボラ……85
⑳「少子化時代の日本」が世界を救う ……92

序曲

響きあう、保育シンフォニー ～様々な立場を超えて～

地球が誕生して約46億年。

生命の歴史は約40億年とも言われ、単細胞から腸だけのような多細胞生命となりやがて脳が出現しました。さらに人間は魚類や両生類、爬虫類、哺乳類などの進化が蓄積された脳をもち、文明や文化を創生してきたのだと考えられています。進化し続ける人間は石器などの道具や火を使いこなし、農耕を行い、そして神という概念も作り出しました。西欧で産業革命が起きたのは約２４０年前。たったの２４０年間で機械社会は旧世界の秩序を大きく変えました。日本は約１５０年前の明治維新以後、急速に産業革命後の海外の文化を輸入し受け入れ発展しました。保育という乳幼児期の教育もその一つです。そして、第二次世界大戦後70年、驚異の復興により経済的に世界をリードするまでになりました。

現在ではパーソナルコンピュータおよびスマートフォン等によるＳＮＳ時代が到来し、世界と日本の距離は縮まり、さらに人工知能の出現等により２０５０年以降には超スマート社会を迎えると予想されています。

今年生まれた新生児が80歳代になる22世紀は、私の知らない未来です。

しかし、その22世紀までに分かっていることもあります。超高齢化、生産年齢人口減少、就労意欲のある国民全ての就労、そして少子化です。その未来に対してもちろん不安があります。だからこそ、今とそれに続くこれからが未来に対して私たちがやるべきことをやり遂げていくときなのです。

医療の進歩、食育活動の普及、予防のための身体運動の推奨などにより、健康な高齢社会の序章はもう始まっていると考えられます。例えば高齢者向けマンションを中心地におくような新しい街づくりも始まるでしょう。介護をロボット化することで労力を軽減できれば、高齢者による高齢者の介護（例えば65歳が85歳を介護）も容易となると考えられます。高齢化の問題＝介護ではありません。かつてより長くなったリタイア後、働いている時期よりも様々で多岐にわたる社会的な仕事や生きがいを模索していき、高齢期ならではの取り組み方を示し実行し検証していく時期です。

子ども期、就労期、高齢期と分けたときに、定年後、会社や組織からはリタイアしたとしても社会からはリタイアしない、新しい高齢期の在り方を模索していかなければなりません。２０２５年には団塊の世代が75歳以上となります。日本は例のない少子高齢社会に突入します。人口・社会構造の関係を熟慮したうえで持続が可能な社会構築が必須です。健康寿命が伸びることで人生85年のライフサイクルを想定した制度設計、定年・年金支給開始年齢の見直しや超高齢社会における政策ニーズの見極めも重要です。例えば生産年齢人口が減っても、分野によっては広く高齢者を活用することで労働者減少を緩和する、こうしたことも一つの手立てだと考えます。国債を含め、若年世代の年金等の制度への不信・不公平感は払拭しなくてはなりません。いわゆる世代を超えた公平性の確保、「将来に負担を先送りしない」という視点も重要です。持続可能で世代を超えた公平性の確保こそ「世界初の少子高齢化システムの構築」の原点だと考えます。

意欲ある国民全ての就労は、少子化による生産年齢人口減少や高学歴化等をポジティブに活かし、多くの国民に活躍してもらいたいという思いと一致するはずです。人工知能は確かに職業を変化させ、さらに、職業の有無をも生じさせるでしょう。自動車の自動運転等の新しい技術が、生活も含めて様々なことに変化をもたらし、新たな時代を生むと考えます。誰もが分かることですが、社会が働き方を支援していくワーキングスタイルの仕組みをいち早く進めていくべきです。働きたい人は少ない時間でも働けるよう、乳幼児期や学童期の子どもがいる場合の働き方の支援をしていかなければと思うのです。もちろん、この場合は働きたい人をサポートする一方、子育て中の夫婦合わせての労働時間短縮や多様な働き方の支援、また、学童期前半の子どもの安全サポートは必須です。

外国をまねることが全てではありませんが、参考にはできます。人口が日本の１／12、約１千万人であるスウェーデンと比較するのはナンセンスという意見もありますが、例えば多様な育児休業制度は人口と関係なく日本でも検討の必要があるのではないでしょうか。育児休業両親あわせて４８０労働日取得、両親とも保険（日本の雇用保険等にあたる）により休業直前の所得の８割を３９０労働日支給、パパ・ママ・クォータ制度、２年半以内に次の子どもを産んでも先の子どもの産休直前所得の８割を育児休業中に支給、また、出産した７割以上の女性が１年以上の育児休業を取得するなど、育児と働くことを両立させるため様々な工夫がされています。保育所は完備され、保育料の90％が公的負担です。児童手当も第１子・第２子約１万４０００円、第３子約１万８０００円が所得制限なく16歳まで支給されます（ちなみに日本は３

歳未満1万5000円、3歳～小学校修了まで第1子・第2子1万円、第3子以降1万5000円、中学生1万円、所得制限等があります）。子どもに関する施策の担当は以前は日本でいう厚生労働省（福祉省）と文部科学省（教育省）に分かれていましたが、まず福祉省に一本化され、その後教育省に統合されています。日本が厚生労働省、文部科学省、内閣府の3府省にまたがっているのとは対照的です。

しかし、この福祉大国でも21世紀になり、移民政策を見直したり、高齢者福祉施策を縮小したりしています。これから本格的に少子高齢化を迎える日本は、スウェーデンの10倍以上ある人口を考えながら、子ども・子育て施策等をどう進めていくのか、早急に懸案事項に取り組んでいかなくてはなりません。

このような中、本書では少子社会とその社会に適した乳幼児教育を考えていきます。

21世紀は19世紀後半から予測されてきた世紀です。それは例えば音楽であればホルストやシェーンベルク、そして日本の三善晃（＊1）のような作曲家であったように、映像や文学の世界でも示されて、現実化されてきました。20世紀の産業の飛躍的な変化向上、悲惨な戦争を経て、現代が存在しています。それらを考えると21世紀前半の今こそ、22世紀を見据え、乳幼児期の子どもたちに必要なことを考えるべきときだといえます。それは「代弁者をもたない将来世代を守る」という大きな使命感に基づいた仕事になります。

幼児期の家庭や地域施策と施設施策、保護者の在宅と就労、貧困の問題と学力の差異、0歳からの保育と幼小の接続（＊2）、子ども・子育て新制度と幼児教育振興法案（第190回　衆第50号）（14ページ参照）など新たな課題も含め、お互いが協力し合いながら次の時代を作っていかなくてはなりません。なお、平成24年度の保育制度変更は確かに画期的ですが、決して終着点ではなく今後さらに改善していくべきものと考えています。今、保育は日本の重要施策の一つになろうとしています。日本全体を、保育界全体を俯瞰しながら、社会の中で「子ども家庭（教育と福祉）施策」を一般化、普遍化していく道を模索し、実行しなければなりません。

子ども期、就労期、高齢期のサイクルが持続できる、そうした社会のグランドデザインを共有し、各方面が協力してそのサイクルの出発点として乳幼児期の仕組みを構築していく時に来ています。乳幼児期への社会の関わりを考えることは「今と未来をつなぐ」物語です。その物語の柱に乳幼児教育を据えて進めたいと思います。様々な立場や制度の歴史を超えて、担当する楽器は違っても全体が調和のとれた一つのシンフォニーのように響きあうことを願っています。

本書は新たな保育における教育とそれを支える制度を模索して次のように論を展開しています。

第一楽章　転換期にある乳幼児施設
第二楽章　保育所・幼稚園・認定こども園の保育と教育
第三楽章　国際的な乳幼児教育への取り組み
第四楽章　超スマート社会の到来に必要な能力を育てる
第五楽章　０歳児から積み上げられる乳幼児教育と保育の専門性
第六楽章　今後の速やかな一元化に向けて
第七楽章　貧困の国からの脱却　子ども・子育て関連３法とその先にあるもの

社会保障は20世紀の財産の一つです。その財源の一部である消費税率がなかなか10％に上がりません。しかし、さらに15％とか20％に引き上げていくことを議論しなければならない日がくるでしょう。そのときに、乳幼児期から小学校にかけての幼児教育を飛躍的に充実させる、ということを「社会保障・教育の充実」の大きな柱として打ち出すことができればと思います。本書がそのバックボーンになれるように願っています。ぜひとも新人の保育関係者も、国や地方自治体の関係者も、そして大学をはじめとした研究者の方も、そして何よりも日本の乳幼児に関係する多くの現場の方々も一緒に、現在と未来を考えて議論や制度の改革を進めてもらいたいと考えます。

＊１　１９３３～２０１３年。武満徹と双璧をなす20世紀の日本を代表する作曲家。著者の音楽の師。
＊２　幼児教育と小学校教育の接続。幼稚園と小学校の接続ではない。

第一楽章

転換期にある乳幼児施設

第一楽章では転換期にある乳幼児施設、そこで担われるべき乳幼児の教育が大きな岐路に立っていることを述べていきます。また、それは教育、福祉に関わる全ても含んだ日本全体の転換期でもあります。

２０１５（平成27）年度より施行された子ども・子育て支援新制度では、学校教育・児童福祉の概念を超える変更がなされています。

それは幼稚園が明治期から築いてきた保育の歴史、保育所が戦後から積み上げてきた保育の歴史の転換期であり、いよいよ乳幼児期の教育への社会の関わりの重要性が示されるときでもあります。

それは海外でも同様、いや、日本以上に乳幼児期の重要性が示唆されています。ペリー就学前計画（25ページ参照）の影響を受け、ＯＥＣＤにおいては幼児教育分野の取り組み、いわゆるスターティング・ストロングがスタートし、ＥＣＥＣ（Early Childhood Education and Care「幼児の教育と保育」コラム①参照）ネットワークが設置されま

坂崎eyeコラム①

Early Childhood Education and Careの訳語について

ここで使われているEducation＝教育、Care＝保育という訳語に関しては第二楽章で詳しく論じ、誤解のないようにしたいと思います。なぜなら、日本においては幼稚園で行われる幼児教育は「保育」と呼ばれ、保育所の「保育」も幼児教育を含むものとして考えられているからです。つまり、乳幼児期の教育は保育と呼ばれています。ことさらにEducationとCareを分けることには賛成できません。本書ではあくまでもEducation and Careとして一体的に乳幼児教育・保育を捉えていきます。また、Early Childhoodは文部科学省で定める学校教育としての幼児教育の範疇、満３歳から小学校就学前の幼児という意味ではなく、０歳からの幼年期とされているので、本書ではこれを幼児期ではなく乳幼児期という言葉で考えていきます。

した。こうした取り組みによる最新の乳幼児教育の動向の調査等は、現在も今後も、日本の保育にも大きく影響を与えていくと考えます。

国内の動きを見てみましょう。東京大学に発達保育実践政策学センター（コラム②参照）が設けられ、国の機関として国立教育政策研究所（NIER）幼児教育研究センターが立ち上がったことにより、横断的、中長期的調査研究がなされ、都道府県による幼児教育研究センター設立が本格化していくと思われます。このように東京大学と文部科学省に乳幼児の機関が設立されたことには大変大きな意義があります。発達保育実践政策学センター長である秋田喜代美氏は全ての学問は保育に通じると言っています。乳幼児期に関わる日本の学問の転換点となるものです。

幼児教育振興法（14ページ参照）が成立すれば、子育て支援として現在行われている福祉的な保護に加え、家庭や地域の幼児教育の支援につながる活動が必要となるでしょう。その一つとして幼児教育の無償化もあると考えます。

教育界も転換期を迎えています。グローバル社会を見据え、少子高齢化による人口減少社会の中で、小中の義務教育をさらに高校大学へとつなぐために高大接続の一体改革も喫緊の課題です。学習指導要領は高校の新教科・科目の創設など学習内容の大きな変更を予定しています。さらに指導

坂崎eyeコラム ②

発達保育実践政策学センターの概要

＜子育て・保育研究部門＞

- 乳幼児の心身発達・家庭内外の生活環境に関する調査
- 保育者の保育スキル・実践知と職場環境等に関する調査

＜発達基礎研究部門＞

- 乳児の睡眠・食事・外界や他者との相互作用等の基盤となる脳、身体、行動の仕組みの解明
- 実践における基礎科学知識の提供・流布

＜政策研究部門＞

- 国内外の乳幼児保育行政政策に関する比較調査研究
- 知の集積とデータベース運用
- 政策提言

＜人材育成部門＞

- 乳幼児保育を社会システムに位置づけて政策へ連結
- 人材育成プログラムおよび教材の開発と評価
- 各層の人材輩出・リーダーシップ・知財管理システム

（東京大学大学院教育学研究科附属発達保育実践政策学センターＨＰより）

法として知識と技能の定着を図り、思考力、判断力、表現力などを育成するためにアクティブ・ラーニングを取り入れることとなります。小中学校ではアクティブ・ラーニング的指導のさらなる充実、小学校の英語の教科化と国際社会を視野に入れた教育も進みます。その出発点となる幼稚園や保育所の新要領・指針も２０１７（平成29）年３月告示、２０１８（平成30）年４月より実施となります。

福祉的に考えてみましょう。戦後の救貧からの流れは割愛しますが、現在の社会保障制度は１９６０年代に骨格の多くが築かれました。分かりやすい数字で、人口ピラミッドの変化は１９６０年の65歳以上１人に対し20～64歳９・5人から、１００年後の２０６０年には65歳以上１人に対し20～64歳1・2人との予測があります。20～64歳はほぼ1対1で65歳以上人口を支えるという現実を迎えます。少子高齢化による人口減少を前提とした制度設計の再検討は避けられません。「少子高齢社会を克服する日本モデル」の構築です。そのためには現在の社会福祉制度を横断的に考え、個別の制度改革における問題と改革の方針を定め、社会経済の変容へ対応し、世代間の公平性や「自立と共生」による社会的公正を実現していかなくてはならないと考えます。そのような持続可能社会の基礎として考えるのが家族政策であり両立支援です。２０１２（平成24）年度の子

直近および今後想定される教育改革の流れ

2016（平成 28）年 3 月	高大接続システム改革会議最終報告
4 月	小中一貫教育学校制度開始 / 障害者差別解消法施行 （地域・学校協働改革 / 学校組織運営改革・教員養成改革）
2017（平成 29）年 3 月	教育課程に関する中教審答申 学習指導要領改訂（幼・保・認定こども園の要領・指針も）
2018（平成 30）年 4 月	幼稚園教育要領・保育所保育指針・認定こども園教育・保育要領実施 小学校英語先行実施／小学校道徳実施
2019（平成 31）年 4 月	中学校道徳実施
2020（平成 32）年 4 月	小学校学習指導要領改訂実施（7 月　2020 東京オリンピック）
2021（平成 33）年 4 月	中学校学習指導要領改訂実施
2022（平成 34）年 4 月	高校学習指導要領改訂・年次進行で実施 「公共」など高校は大幅改訂

コミュニティ・スクールや「チーム学校」の推進、教育委員会と大学の連携として「教員育成協議会」の設置が進む。

ども・子育て関連3法の考えをまとめてみましょう。

・全ての子どもの成長を温かく見守り、支えることのできる社会へ

・子どもたちへの支援は、社会保障の持続可能性・経済成長を確かなものとし、日本社会の未来につながる社会保障制度改革の基本。未来への投資

・女性の活躍は成長戦略の中核。新制度とワーク・ライフ・バランスは車の両輪

・そして何よりも乳幼児教育・保育の量の拡充と質の向上

しかしながら現在も子ども・子育て支援対策の基本認識、子どもと家族を社会全体で支える国民的合意形成という視点（重点戦略の基本コンセプト）はまだまだ弱いと考えます。方向性は見えています。家族機能の保障、いわゆる結婚・子育てと就労継続は現在も含めて両立を目指すべき課題です。保護者の選択を保障する多様な主体による施設の量的整備の推進、地方の社会福祉法人によるサービス提供の在り方・拡大は喫緊の問題です。次世代育成支援の一体的推進、育児休業や働く時間と保障をどうしていくのか、株式会社等が参入しにくい状況をどうするかなど、教育・福祉だけではなく産業界も中心となって取り組まなければならない今後の日本の大きな課題です。

財政面で持続可能な社会保障全般の施策の再編成とともに、安定財源を確保しつつ新たな次世代育成支援システムの構築を急ぐべきだと考えています。そこに教育政策との連携つまりは幼保一体化があります。

最低でも20年後を考えていくことは、20年前を振り返ることにより予想できます。

20年前の保育界はどんな状況だったでしょう。

約20年前の１９９７（平成9）年まで保育所入所は措置でした。「保育に欠ける子ども」を福祉的措置として保育所に入所させるということです。その3年前にはエンゼルプランに「保育に欠けない子ども」を子育て支援拠点事業・一時預かりの対象にすることを盛り込みました。乳児３人に保育士１人配置とし、さらに、少しでも利用者の利便を図ろうと広域入所や定員の枠を超えての入所も提言しました。多くの保育現場では非常識と言われるものを開拓して常識に変えてきました。この平成9年、措置から契約制度へという50年ぶりの児童福祉法改正がなされました。１９９０年代以降の社会状況の変貌、女性の就労増加などにより幼稚園の世界でも預かり保育が当たり前になりました。

10年前、２００６（平成18）年には戦後初の教育基本法改正により幼児教育の重要性が示されました。また、認定こども園制度（この時点では幼稚園と保育所の二元的施設）が出発します。公立保育所の一般財源化により公立保育所の民間委託は一気に進みました。また、少子化に伴い幼稚園が消滅する町村も出始めました。一方、都市部を中心に待機児童があふれました。今回の子ども・子育て支援新制度では、２０１４（平成26）年度末までの仕組みや体制を壊さずに、多くの幼稚園と保育所の意義や存在を大切にしながら給付の一体化にこぎつけました。

２０１６（平成28）年現在、一見、幼稚園も保育所も変わっていないように見えますが、個人給付・法定代理受領（71ページ参照）という仕組みを導入することによって制度上の一体化が成り立っています。施設ばかりではなく、ベビーシッターまでも国の事業として補助をしています。幼稚園と保育所という二元的なものではなく一つの認可施設として幼保連携型認定こども園を創設し、保育に欠けても欠けなくてもEarly Childhood Education and Careを提供する総合的な施設という方向に進む道筋が見えてきました。

このようにすでに制度上の舵は切られたのです。

20世紀モデル（防貧・選別主義）から21世紀モデル（普遍主義）への転換がなされていると考えます。「全ての子育て家庭は教育も含めて要支援」という視点、利用者中心のサービス再編が必要です。それは出産前からの切れ目ない支援、相談窓口のワンストップ化など子育ての地域連帯を再構築していくことにつながるでしょう。さらにいえば、身近な施設で医療・保健・福祉サービスをワンストップで提供する、利用者中心の社会を作ることが理想でしょう。

そして、そこにも必要なのは福祉の概念を超えた乳幼児期の教育という視点なのだと考えます。今まさに保育を担う施設にとって、新たな時代が始まりました。

少子化に対してどう対応するのか、妊娠期から子どもが施設に入るまでの社会の支援はどうあるべきか、０歳児から積み上げていく保育という概念をどのように社会に示し構築していくのか、就学前の乳幼児教育はどうあるべきか、小学校等との接続は何を主眼に進めていくのかなど、今後、乳幼児期への社会の関わりとして施設が担うべき大切な部分が見えてきました。

乳幼児の保育、教育を主要な問題と考えるとともに、現在行われている給付の一体化や個人給付・法定代理受領といったお金の流れをもとにして制度全体のあるべき姿も考えてみたいと思います。そこから制度全体や保育を担う人材の資格などいろいろな一元化も見えてくるはずです。保育の専門性とその資格を有する専門家の確立は、今後の少子社会をより良くするための大きな課題です。そして、それらのキーワードとなるのはやはり乳幼児教育、つまり保育そのものだと考えます。保育環境は大きな転換点を迎えています。だからこそ、現場の人間として様々な提言を行っていきたいと思います。

施設が措置制度から離れることで、利用者への説明責任、情報開示などが強く求められ、現場には膨大な文書や書類の作成が課されました。一方、保育士等の労働条件はあまり改善されませんでした。保育所保育指針や幼保連携型認定こども園教育・保育要領の理解を進めるとともに、労働時間短縮を願い、内容の考え方だけではなく指導計画などの様式や書式、評価の仕方を私も施設長として示してきました。給与など待遇面の改善ももちろん必要です。けれどもここも乳幼児教育である保育の専門家という視点で資格や待遇を改善すべきではないでしょうか。

保育の一般化が必要なのは、虐待や貧困を生んでいる状況を社会の力で撲滅するためです。子育ては伝統文化のようなもの、だれでも（特に女性なら）できるという方がいます。本当にそうでしょうか。だれでも簡単にできるならば育児不安などなかったはずです。育児を中学や高校の必須科目にでもしなければならない状況ですが、すぐに実現とはいきません。子どもの出産時の死亡率は世界最小水準です。つまり医療面での社会の関わりは世界最高水準だということです。では、生まれてからはどうでしょう。以前よりも多くの情報があるにもかかわらず、多くの問題を抱えている時代です。だからこそ社会が子育てに（最低でも出産前から）優しく関与していく時代を作っていくべきです。児童福祉という概念は子ども家庭福祉と変わっていま

す。さらに保育所等から幼保連携型認定こども園への移行、今後の保幼小接続や5歳児等就学前全園児を対象にした幼児教育の無償化を考えると、生まれた子ども全員に乳幼児期の教育が必須の時代になります。ヘックマンによる「ペリー就学前計画」（25ページ参照）の分析結果同様、日本の全ての子どもに質の高い保育を提供することが当然になるはずです。

さて戦後70年を経た現在、保護者の就労の有無を条件にした幼稚園と保育所の二択時代はもう終わったと言えます。幼稚園や保育所という施設の特質を否定しているのではなく、多くの施設が入園以前の家庭での子育て支援も含んで学校教育や児童福祉を総合的にプロデュースし、社会に貢献していく時代なのではないでしょうか。もちろん純粋に幼稚園や保育所等に特化した施設も必要だと考えます。

そのために、これからの国内外の社会を創造する力の在り方、その社会に対応した子どもの姿、それに必要な乳幼児期の教育・保育、施設、教育者・保育者の在り方を模索していかなければなりません。

キーワードは、①妊娠期から施設に入るまでの支援 ②0歳児から積み上げられていく乳幼児教育である保育の確立 ③幼児期の終わりまでつまり小学校接続までに育ってほしい姿への教育の在り方（主に第四・五楽章に記述）なのだと思います。

第二楽章

保育所・幼稚園・認定こども園の保育と教育

第二楽章では現場が混乱している保育用語の確認、各施設のそれぞれの歴史から見える展望を記述していきます。また、それは今後の保育施設の姿を模索する作業となります。

乳幼児に教育が必要なことは現在、誰もが認めるところだと思います。けれども第一楽章で少しふれたように幼児教育と保育、0歳児から積み上げられていく乳幼児期の教育と満3歳から認められる学校教育としての幼児教育など、人や組織によって「幼児教育」という言葉が異なる意味で使われている事実があります。現場の混乱はつまりは法令上の制約により「教育」と「保育」を使い分けせざるを得ないことに一部起因しています。そこで、一般的にもよく使われる「幼児教育」や施設で使われる「保育」「教育」「学校教育」という言葉を、少し堅苦しいですが法律を交え説明していきます。

この章の最初に「乳幼児教育」を2016年現在国会提出中の最新の幼児教育振興法案から、現状等を考えてみます。

2016（平成28）年8月現在、衆議院に提出されている幼児教育振興法案（第190回　衆第50号）の前文の冒頭では、法案に示された「幼児教育」の意味、さらに家庭や地域での幼児教育の困難さ、そして今後、行わなければならない幼児教育が示されています。冒頭の部分を三つに分けてこれらを説明します。

幼児期において、人は、その保護者や周囲の大人との愛情ある関わりの中で守られているという安心感に支えられ、自発的な遊びを通じて生涯にわたる人格形成の基礎を築いていく。そのために適切な環境を整え、子供の心身の調和のとれた発達を促すことが、幼児教育の重要な役割である。

最初に幼児教育の役割が述べられています。「保護者や周囲の大人との～安心感に支えられ」はいわゆる養護の部分が述べられ、「自発的な遊びを通じて」は学習の基礎い

わゆる教育について述べられており、これらにより人格形成がされると書かれています。そのための適切な環境を整え、発達を促す行為は幼稚園、保育所、認定こども園に共通したものです。さらに次のように記されています。

幼児教育は、幼稚園、保育所、認定こども園といった幼児教育の機能を有する施設をはじめ、家庭、地域等の多様な場において行われており、それらの全ての場を通じて、質の高い幼児教育が行われなければならない。

しかるに、急速な少子化の進行並びに家庭及び地域を取り巻く状況の変化により、適切な環境の下での幼児教育が従来よりも困難になっている。

ここでは幼児教育は施設ばかりではなく、家庭や地域等も含め行われなければならないと書かれています。ですから、「幼児教育」とは幼児教育の機能をもっている施設で行われることの総称ではありません。社会全体で様々な場において取り組まれるべきものと示されています。単純に「幼児教育」＝「学校教育」ではないのです。それを確認したうえで、少子化、家庭及び地域の状況の変化により適切な環境の構成ができず、従来よりも幼児教育が困難であるとしています。

また、人口構造の変化、国際化及び技術の進展等の社会経済情勢の変化に伴い、自立し、他者と協働しながら創造的に生きていくために必要な能力を身に付けられるよう、質の高い幼児教育を受ける必要性が高まっている。

この文章では、質の高い幼児教育を「自立」及び「他者と協働」しながら「創造的に生きる」ための能力育成としています。つまり、今後の幼児教育はここに示されていることを中心に進められていく、そのように考えて間違いありません。「自立」「他者との協働」「創造的な生き方」、これらは幼児教育だけではなく小学校以降の学校教育でもキーワードになるものです。

また、施設については、現在行われている幼稚園教育要領改訂の論議の中でも次のように言われています。

幼児期の教育については、幼稚園のみならず、保育所、認定こども園で担われていることを踏まえ、これらの全ての施設における全体としての教育の質を確保することが求められる。

つまり、幼児教育振興法案では「幼児教育の機能を有する施設」、幼稚園教育要領改訂論議では「幼児期の教育を担う施設」として幼稚園、保育所、認定こども園をあげています。

再度、幼児教育振興法案の言葉を整理してみましょう。

幼児教育の役割：養護を基盤とし学習の基礎を育成
幼児教育が行われる場：幼児教育の機能を有する施設、家庭、地域など多様な場所全て
質の高い幼児教育：自立し、他者と協働しながら創造的に生きるための能力を育成
幼児教育の機能を有する施設：幼稚園、保育所、認定こども園

続いてそれぞれの施設で使われている保育や教育の意味を明らかにしていきましょう。

幼稚園・保育所・認定こども園では環境を通して幼児期の教育を行うことは一致しています。しかし、現在教育と保育という用語の意味がそれぞれの施設で違っています。特に幼稚園・保育所と認定こども園では違いがあり、施設が変わった場合、現場で混乱を招くことがあります。施設が混在している地域であれば、保護者をはじめとして地域に説明する際、何よりも用語の意味に違いがあっては理解を得ることが難しくなります。いらぬ誤解を招くこともあるでしょう。

長い間、幼稚園では養護を前提とした教育（幼稚園の場合は学校教育を指す）を保育と呼びました。保育所では養護と教育（保育所の場合は0歳児から積み上げられる教育を指す）が一体となったものを保育と呼んでいます。つまり、従来乳幼児期の教育は「保育」として説明されてきました。養護について幼稚園では教育の前提とし、保育所では教育と一体としているのは、それぞれの施設においての保育時間や関わり方の違いで説明されてきました。もともと短時間保育であった幼稚園では養護を前提にして「学校教育」を行うのに対し、保育所では長時間保育が主であり、特に0歳児からの保育においては養護的側面と教育的側面は表裏一体の関係にあることから、養護と教育の一体化と表現されてきました。保育所の場合は年齢が上がるにつれて養護よりも教育的部分が多くなると言われてもきました。ですから、幼保のどちらの施設でも「保育時間」とか「保育の内容」といった言葉を養護と教育を含むものとして使ってきました。どちらの施設でも「教育時間」という言葉になじみがないのはこのためです。

法律上では教育と保育は次のようになります。

子ども・子育て支援法第七条二項より
「教育」とは、満三歳以上の小学校就学前子どもに対して義務教育及びその後の教育の基礎を培うものとして教育基本法（平成十八年法律第百二十号）第六条第一項に規定する法律に定める学校において行われる教育をいう。

子ども・子育て支援法第七条三項より
「保育」とは、児童福祉法第六条の三第七項に規定する保育をいう。

児童福祉法第六条の三第七項より
家庭において保育（養護及び教育（第三十九条の二第一項に規定する満三歳以上の幼児に対する教育を除く。）を行うことをいう。以下同じ。）を受ける（以下略）

簡単にいえば子ども・子育て支援法上は教育＝学校教育であり、保育＝養護及び教育＝家庭の保育も保育所の保育も同意となります。

このことから認定こども園では、「教育」とは「満3歳以上の子ども」に対する「法律に定める学校において行われる教育」とし、それ以外を保育と呼んでいます。満3歳未満児は全て保育と呼ばれ、幼稚園や保育所とは異なる用語の使い方がされています。認定こども園で作成される指導計画などもこれに基づいた用語や書式が必要になっています（特に2歳児と満3歳児が混在するクラスでは煩雑になる。51ページコラム⑭参照）。

従来からの使い方
幼稚園：養護を前提とした学校教育＝保育
保育所：養護と教育が一体となったもの＝保育

子ども・子育て支援法にて厳密に法律に基づいた使い方
認定こども園：教育＝学校教育　保育＝それ以外のもの

現行法等ではこのようにされていますが、施設ごとに異なる意味をもっています。施設のそれぞれの努力とは関係なく、世間でよくいわれる「保育所は保育しかしてくれなくて教育がない」とか「幼稚園は教育だけしていればいい」などという乱暴な論調は用語への誤解から来ている面も否定できません。後述の章ではこうした用語の統一を提言し、そこから見える未来像を示したいと思います。

なお、児童福祉法上の保育という用語は一時預かりの項目で最初に使われていることから、「預かるのが保育」と勘違いされることがあります。単に法律条項の最初に出ているだけなので、決して預かることだけを指しているのではありません。

ではどうしてこのような状況になっているのか、簡単に幼稚園や保育所、さらに認定こども園の成り立ちを追ってみます。そこから幼児教育の重要性もさらに考えてみましょう。

1996（平成8）年から20年後の現在、施設の形は多様化したように見えますが、それぞれの施設で行われる保育の内容や保護者の状況などはかえって幼保においては近づいているように思います。行うべきことは新制度の理念のもとに、責任ある幼児教育・学校教育の姿、地域における「幼児期の学校教育」の姿、いわゆるモデルを示すことと考えます。なぜならば、今回の幼児教育機能の拡大により「全ての子どもに良質の幼児教育」を提供するという理念はどの施設にとっても、地域にとっても最も重要になったといえるからです。

坂崎yコラム③

保育の定義を再確認する

- 「保育に欠ける」（保育所保育指針）は大人によって世話される生活に欠けるの意味で、従前は家庭養育の補完が定義であった。その後、現在は園と家庭は車の両輪の如く考えられ、現行の児童福祉法の「保育を必要とする」につながっている。
- 現行の「保育を必要とする」は家庭において必要な保育を受けることが困難である乳児または幼児のことであり、この場合の保育は特定の子どもを継続的に保育養育するものとし、一時的なものは保育とは呼ばない。
- 2008（平成20）年より「一時保育」は「一時預かり」へと変更された。
- 認定こども園における「保育」は学校教育時間を除いたものとされ、このことが誤解を生んでいる。法令上の制約により「教育」と「保育」を使い分けているが、今後の要領や指針の改訂・改定等でこれらの文言の共通化をどうするか等は大きな課題となる。

２０１５（平成27）年、子ども・子育て支援新制度はスタートしましたが、次のような課題があります。

幼稚園：幼児期の学校教育の前提にある養護の在り方や子育ての支援をどうしていくのか

保育所：保育所保育における教育内容の再検討、学校教育との関係をどうするか（保育所は法律に定められた学校ではない）

認定こども園：主に保育所から参入の場合は幼児教育機能の拡大と教育・学校教育概念の検討が必要。主に幼稚園から参入の場合は特に満３歳未満児の保育や食育等に加え、子育ての支援の検討が必要

管轄の問題も含め一元化の詳細は後述しますが、様々な一元化を検討しなければならない事項はもはや分かりきっています。待機児童等の目前の諸問題があり、数の充実が最大の課題である自治体があるのは事実です。一方過疎地を含め、人口減少地域での乳幼児施設の在り方も大きく問われるときが近い将来必ず来ます。

未来を考えたとき、子ども・子育て会議等を経て、今こそ一つ一つ論議を積み重ね、新制度における支援法の教育及び保育の理念を踏まえた幼児教育の推進・充実を図るべきです。幼児期の教育とは家庭、施設、地域全ての場で行われるということを前提とし、用語としての正確性を欠きますが、新たな幼児期の学校教育と保育の融合を図る必要があると考えます。そこから、地域における「乳幼児期の学校教育」モデルを示すことも可能となることでしょう。

これは本来の Kindergarten 思想の再認識だと考えます。乳幼児期の教育の出発点に立ち戻り、学校教育を含んだ乳幼児教育つまり保育の在り方を示すときに来ているのです。そして、その価値を社会と共有し、理解を求めていかなければなりません。

1876年（明治9年）	幼稚園の誕生	東京女子師範学校附属幼稚園が最初とされています。日本で初めて幼稚園という施設と保育という機能が生まれました。明治から大正前期まではフレーベル教育を中心に進められてきました。その後から現在に至るまで倉橋惣三氏の提唱した環境を通した保育が日本の中心にあります。
1947年（昭和22年）	幼稚園が学校教育制度（文部省）に位置付けられる	これは倉橋惣三氏の提案によるものですが、同時に提言された3歳まで保育所、4歳から幼稚園という年齢輪切り論による施設役割分担案は却下されています。
1947年（昭和22年）	児童福祉法による認可保育所制度（厚生省）が発足	保育所は戦前より託児所として存在しましたが、ここに福祉制度として位置付けられました。保育所は保育に欠ける子どもの保育を行い、その健全な心身の発達を図り、福祉を増進させることに最もふさわしい生活の場でなければならないとされ、戦争孤児等を対象にした措置の施設でした。
1948年（昭和23年）	幼稚園・保育所及び家庭のための保育要領が示される	保育要領は戦後制定された学校教育法第79条に基づいて、「幼稚園の保育内容に関する事項」を規定した日本で最初の保育内容に関する基準文書です（保育所にも適用された）。それは、国が示した最初の幼児教育書であり、明治以来の『実践研究の集大成であるとともに、新しい幼児教育の方向を志向するもの』として評価されました。当時、保育要領に直接関与したのは初等教育担当官として赴任したGHQのヘレン・ヘファナン氏（H.Heffernan, 1896-1987）であり、また、倉橋惣三氏とともに保育要領編纂作業の中心を担ったのは文部省学校教育局青少年教育課長の坂元彦太郎氏でした。
1956年（昭和31年）	幼稚園教育要領作成	教育的内容として保育所がそれに準ずるまたは整合性をもつとして進められました。
1965年（昭和40年）	保育所保育指針制定	
1971年（昭和46年）	児童手当法	人口比率　年少（0~14歳）約24%　老齢（65歳以上）約7%
1986年（昭和61年）	地方公共団体の執行機関が国の機関として行う事務の整理及び合理化に関する法律	
1989年（平成元年）	児童の権利に関する条約（国連）ゴールドプラン	合計特殊出生率1・57
1994年（平成6年）	エンゼルプラン	少子化を受けて保育関連の改革が始まりました。地域子育て支援等。国際家族年。
1995年（平成7年）	障害者プランの策定	
1996年（平成8年）	中央教育審議会答申	現在に続く幼児期の教育が示されました。中央教育審議会答申で示された幼児期の教育は保育所保育指針にも反映され保育の中心になりました。幼児期とは「生きる力」の基礎を培うこと。
1997年（平成9年）	戦後初の児童福祉法改正	保育所は措置制度から利用契約制度になりました。介護保険法の成立。

1998年（平成10年）	改訂幼稚園教育要領告示	さらに幼児教育の重要性への認識は高まり、翌年の保育所保育指針第2次改定通知へとつながっています。その後、幼稚園で預かり保育や満3歳児入園が始まりました。一部の幼稚園への入園数が落ちてきたこともあるとは思いますが、保護者の要請にこたえるという形で私学の幼稚園の9割は預かり保育をするに至り、開園時間的には保育所と同様の幼稚園も出現しました。
1999年（平成11年）	社会福祉基礎構造改革について厚生省が発表	
2000年（平成12年）	新エンゼルプラン　児童虐待の防止等に関する法律　社会福祉法の成立	エンゼルプラン第2期
2001年（平成13年）	保育士の国家資格化　待機児童ゼロ作戦	
2003年（平成15年）	少子化社会対策基本法　次世代育成支援対策推進法	
2004年（平成16年）	子ども・子育て応援プラン	エンゼルプラン第3期
2005年（平成17年）	障害者自立支援法	市町村行動計画（10年間）合計特殊出生率1・26（過去最低）
2006年（平成18年）	戦後約60年ぶりとなる教育基本法全面改正	この改正とともに「就学前の子どもに関する教育、保育等の総合的な提供の推進に関する法律」が示され、新たな形の幼児教育機能の拡大である認定こども園が出現しました。また、学校教育の最初の施設として幼稚園が位置付けられたことは画期的なことでした。つまりは学校教育の始まりは満3歳と位置付けられたと考えても良いでしょう。
2008年（平成20年）	保育所保育指針制定と告示化	保育所保育指針は大臣告示となり法律化されました。新待機児童ゼロ作戦
2010年（平成22年）	子ども・子育てビジョン	エンゼルプラン第4期
2011年（平成23年）	待機児童解消「先取り」プロジェクト実施	
2012年（平成24年）	子ども・子育て関連3法成立	救貧福祉・自己実現福祉から家族政策への転換期。児童福祉の大転換。合計特殊出生率1・41（回復傾向）。人口比率　年少約13％　老齢約24％。
2013年（平成25年）	障害者総合支援法施行	虐待約7万4千件　内訳／就学前43％（2011年）
2014年（平成26年）	幼保連携型認定こども園教育・保育要領制定	幼稚園と保育所それぞれの基準より高い次元として制定
2015年（平成27年）	子ども・子育て支援新制度スタート　各種ガイドライン作成　社会福祉法改正案通過	教育への関心は新制度スタートによりさらに高まります。当初、認定こども園には幼稚園が多数移行すると予想されていましたが、実際には多くの保育所が学校教育に位置付けられた認定こども園になりました。1年目認定こども園2836か所。
2016年（平成28年）	子ども・子育て支援新制度2年目	認定こども園4001か所

坂崎eyeコラム④

幼稚園と幼児教育

倉橋惣三の保育観は「誘導保育」が中心となっており、自発的に活動させ、先生がそれを誘い、促し、助けることが大事であると説いた。これは、ドイツの教育者で幼稚園の祖といわれるフリードリッヒ・フレーベル（1782～1852）から影響を受けている。フレーベルの幼児教育は、幼児の心の中にある本質を神的なものとして捉え、この児童観に基づいて受動的、追従的な教育を主張した。例えば、園芸家は植物の本性に従って水や肥料、日照や温度といった環境に配慮し、剪定するように、教育者も子どもの本質に追随的に、その本質を損なわない展開を保護し、助けるよう働きかけなければならないという考えである。この考えから1840年に設立した幼児学校の名前を「Kindergarten」（子どもたちの庭）と名づけ、和訳で「幼稚園」という名称が生まれた。

また、フレーベルは幼稚園の教育内容を、遊びや作業を中心にすべきものと唱え、ボール遊び、お遊戯、お絵かき、言葉遊び、鳥や小動物との触れ合い、花壇での花の栽培、母親の家事の手伝いなど生活体験などを重視し、園庭と花壇を設置するコンセプトを発案した。さらに教育のための玩具として「恩物」（おんぶつ）を開発。これは、積み木やブロック遊びが代表的であるように、球や立方体などの数学的な原理に触れたり、生活の周囲にあるものをそれで表現したりして遊ぶものである。補足であるが、同じ頃、イギリス人のロバート・オウエン（1771～1858）がフレーベルに先んじて、人間は環境によって変えられるとする環境決定論を主張し、幼児学校の実践に取り組んでいた。しかし、現在につながる幼児教育の概念は日本の場合はフレーベルの発想が受け継がれている。

ちなみに、戦後の保育要領策定の中心にいたヘレン・ヘファナン女史がフレーベルの幼児教育に影響を受けたアメリカの研究家であったことは偶然であるが、日本の幼児教育にとって必然な出来事であったのかもしれない。フレーベルから倉橋を経て現在へ続く大きな流れが、日本の乳幼児教育の根底にあることは間違いない。

坂崎eyeコラム⑤

幼児教育の充実
「21 世紀を展望した我が国の教育の在り方について」

生涯にわたる人間としての健全な発達や社会の変化に主体的に対応し得る能力の育成などを図る上で、幼児期における教育は、その基礎を培うものとして極めて重要なものである。

特に、今日、都市化、核家族化、少子化が進行する中で、幼稚園が、家庭や地域社会とあいまって、同年齢や異年齢の幼児同士による集団での遊び、自然との触れ合い等の直接的・具体的な体験など、幼児期に体験すべき大切な学習の機会や場を用意することの重要性は、ますます高まってきている。

また、幼稚園において、健康な心身、社会生活における望ましい習慣や態度、自発性、意欲、豊かな感情、物事に対する興味・関心、表現力等といった小学校以降における学習の基盤となるものをしっかりと育てることは、将来の体系だった学習を実りあるものとし、[生きる力] をはぐくむ教育に大いに資することとなるものである。

これらは、保育所に通っている 3 ～ 5 歳児についても同様であり、その意味で、教育内容について幼稚園と保育所との共通化などは、一層配慮することが望まれることである。一方、女性の社会進出等が進む状況に対応し、幼稚園においても、保育所との目的・機能の差異に留意しつつ、預かり保育等運営の弾力化を図っていくことが必要となっている。

このような幼児期における教育の重要性を踏まえて、希望するすべての 3 ～ 5 歳児が幼稚園教育の機会を与えられ、様々な教育を受けられるようにすることが望ましく、そのための幼稚園の整備を推進する必要があると考える。また、育児に関する相談を行ったり、子育ての交流の場を提供するなど地域における幼児教育のセンターとしての機能を充実するなど、幼稚園教育の一層の充実方策や、幼稚園と保育所、幼稚園と小学校の連携協力の在り方を含め、今後、幼児期における教育について幅広い観点から検討していく必要がある。

(平成 8 年 7 月 19 日　中央教育審議会第 1 次答申より抜粋)

＊幼稚園を中心とした文章であるが、現在の「生きる力」の基礎を培うということや、こども園という施設が考えられていく序章であることが窺われる。

第三楽章

国際的な乳幼児教育への取り組み

第三楽章では乳幼児施設が果たしている役割を、些少ですが、海外の取り組みをあげて考えていきます。乳幼児期の教育・保育の充実によって得られるものは、将来の幸福のインフラであることを各国における調査や研究が証明しています。

２０１４年の中央教育審議会では幼児教育に関わるもの、基準の在り方として、幼児教育と小学校教育を接続させていくための教育課程の見直しが行われています。また、企画特別部会の論点整理（２０１５年８月26日）には幼児期までに育ってほしい姿として非認知的能力が示されたり、幼小接続の重視つまり教育の質の確保が示されたりしました。実はこのような要望は国内からのものだけではありません。国外からも乳幼児教育・保育の質重視への大きな波が到来していることも忘れてはなりません。今回はその一端だけを紹介したいと思います。

よく取り上げられる「ペリー就学前計画」以外にも、西欧を中心に保育の質の縦断的な調査は行われてきました。例えば、イギリスのＥＰＰＥ（The Effective Provision of Pre-School Education：就学前教育の効果的な提供）プロジェクトやＥＰＰＮＩ（The Effective Pre-School Provision in Northern Ireland：北アイルランドにおける効果的なプリスクールの提供）プロジェクトなど、多くの取り組みや調査の結果が公表されています。乳幼児期の教育は人々を最も幸福にするインフラとして重要であるという共通の観点に立ったエビデンスは多くの国々で蓄積されてきました。ノルウェー、フランス、スイス、デンマークなどもプリスクールが個人の人生だけではなく社会全体に良い効果を及ぼすことを証明してきました。２００９年のＰＩＳＡ（生徒の学習到達度調査）の結果ではプリスクールに通った子どものほうが調査の成績が良く、プリスクールに対して包括的なアクセスを保証する方向に進んでいます。さらに新しい研究も進み、最近のイギリスでは乳幼児期の教育と発達に関する調査（ＳＥＥＤ）が行われ、いわゆる保育の質が問われるようになってきました。また、オランダは国家としてプリスクールの保育内容にピラミッド

メソッドを導入し、教育国家に名乗り出ました。北欧３国では1歳からほぼ全ての子どもに保育施設が用意され、高い教育が保証されています。保育を通して得られるものは、個人の生涯における教育や社会的適応の基礎となるだけではなく、将来、国の様々な負担を軽減する効果のあることが証明されているのです。

ペリー就学前計画

２００７年、アメリカでは質の高い幼児教育を受けることにより、その後の学力の向上や将来の所得向上、逮捕歴の低下、持ち家の確保等につながるという「ペリー就学前計画」調査結果が出ました。乳幼児期に質の高い幼児教育を受けることが子ども自身だけではなく、国や社会の将来に資するという報告でした。

ペリー就学前計画は、１９６２年から67年にアメリカ・ミシガン州ペリー小学校付属幼稚園において実施されました。「質の高い幼児教育プログラムに参加したグループ」と「参加しなかったグループ」を対象に、その後長期にわたり追跡調査を実施しています（28ページコラム⑥参照）。

２０１５（平成27）年６月４日下村博文文部科学大臣名の資料「日本創生のための教育改革」においては次のように引用されています。

教育は、経済成長にも貢献する最も確実かつ長期的なリターンを得ることのできる先行投資。

○例えば、米国の事例（ペリー就学前計画）における質の高い幼児教育のＩＲＲ（収益率）は年7～10％。費用対効果でみれば3・9～6・8倍（割引率5％の場合）。出典：Heckman（2010）"A New Cost-Benefit and Rate of Return Analysis for the Perry Preschool Program"

我が国の状況は超少子高齢化により２０２５年には介護の問題が到来しますが、現在は保育問題が最前線にあります。女性就業率は7割を超え、合計特殊出生率は少し向上気味ですが、年間出生数は１００万人を割り込みました。待機児童問題が顕著で、保育所等利用率は全体の１／２（１・２歳児入所率も１／２になりつつある）になろうとしています。少子化にもかかわらず待機児童が増える状態ですから乳幼児期の施設への入園希望者が増加していくのは確実です。我が国はともかくも数を揃えることが求められている現状ですが、世界の流れはすでにその先に向かっています。数を揃えることを求められている今だからこそ、同時に施設全体の質を上げていくことが将来を見通した施策になるのです。

OECDにおける乳幼児教育分野の取り組み

世界規模、特にPISA調査で有名なOECD（経済協力開発機構）を中心にして乳幼児教育に大きな関心が示されています。

OECDの調査報告スターティング・ストロング（Ⅰ／2001年　Ⅱ／2006年　Ⅲ／2012年）では「人生の始まりこそ力強く（人生に力強いスタートを）」を発表し、その中で就学前保育・教育への投資とリターンとの関係、つまり質の高い乳幼児教育を受けることにより将来多くのメリットが見込まれることを示唆しています。また、次のような保育の質の向上を目指す政策の5つのレバーを表明しています。

（1）保育・幼児教育の質の目標と規制の設定
（2）カリキュラム・最低基準の設計と実施
（3）保育士・教諭の資格・研修・労働条件の改善
（4）家庭や地域への関与
（5）保育・幼児教育に関する情報収集・調査の推進

第一楽章の繰り返しになりますが、OECDでは、幼児教育の重要性への認識の高まりを受け、2007年に各国の幼児教育・保育政策に関する情報交換及び議論の場として、ECEC（Early Childhood Education and Care「幼児の教育と保育」）ネットワークを設置しました。これまでの取り組みとしては年に2回開催のECECネットワーク会議での情報交換、スターティング・ストロング（OECD保育白書）の発行、参加各国の政策分析等が発表されています。

今後、特に影響を与えると考えられるのは、2015～19年に実施が検討されている二つの取り組みです。

ECEC Outcome Survey

乳幼児期において、どのような力が身に付いているかを分析し、国際比較することを目的とした調査。いわゆる「ECEC版PISA」。今後、乳幼児期に身に付けるべき能力とは何か、どのように計測すべきかが議論される見込み。なお、日本においてはこの計測に参加しない方向を定めています。

ECEC Staff Survey

乳幼児教育に携わる教職員について、活動内容や勤務時間等を調査するもの。いわゆる「ECEC版TALIS」。これについては前述した国立教育政策研究所（NIER）幼児教育研究センターが調査を開始します。

OECD国際調査
調査内容
教育実践、教員の信念、教室の環境、勤務条件、職満足度、教員の採用・養成・研修
実施スケジュール
2016（平成28）年10月パイロット調査
2017（平成29）年5～6月予備調査（20園）
2018（平成30）年3～5月本調査（180園）
国際比較するためには、回収率が国際基準を満たすことが必要

OECD加盟諸国では乳幼児教育の無償化に努めてきました。そのための根拠として、OECD加盟諸国は保育においてもモニタリングをしており、今後、東京大学発達保育実践政策学センターで様々な検討が始まれば、日本での保育も科学的根拠をもとに進める時代が到来する可能性が高くなります。2010年、ユネスコは全ての子どもに対して保育＋教育（この場合の保育は養護に近い）を要請しています。国立教育政策研究所「諸外国における就学前教育の無償化制度に関する調査研究」（2015年3月）によると無償化開始年齢に関して、アメリカ（州による）5歳、イギリス（イングランド）3歳、フランス2歳、フィンランド6歳、韓国3歳となっています。

ドイツ・韓国・オーストラリアなど幼児教育に特化した調査研究機関が設置されている国もあり、日本でも前述した東京大学の発達保育実践政策学センターの設置には大きな期待が寄せられています。

日本の場合、就学前教育の在学率は高く、OECD平均を上回りますが、幼児教育に対する教育支出（公財政支出及び私費負担）は少なく、子ども一人当たり年間6247米ドル、幼児教育機関に対する総支出の対GDP比は0・2％（OECD平均：8618米ドル、対GDP比0・8％）と、OECD加盟諸国で最も低い割合の一つとなっています（「図表でみる教育：OECDインディケータ2016」より）。総額が少ないのに私費負担率が高いのも問題です。この就学前教育への支出の少なさに対して、日本でも子ども・子育て支援新制度で消費税より7千億円を投入し、将来的には1兆円強の支出を予定しています。また、別途就学前教育の無償化への公的支出も考えられています。保育士の処遇改善強化も一つの流れです。しかし、保育の質の向上を目指す政策の5つのレバーと比較すると、まだ多くの課題を残していますし、年金・医療・介護を含む老人施策と比較して、子ども関連予算は1／10以下です。

一方、保育内容としてはイタリアのモンテッソーリ教育のような長い間日本の幼児期教育に影響を与え続けている

ものもあり、近年ではレッジョ・エミリア市（イタリア）の乳幼児教育、乳幼児期の自発的遊びを尊重する教育理念には感銘を受けた方も多くいると思われます。市民として子どもを育てる考え方を基にし、生活をアートとする捉え方やドキュメンテーションという情報発信の方法は現在、多くの日本の乳幼児教育施設が取り入れています。今後、世界で活躍する子どもを育てるということを念頭に置いて、目指すべき姿やそれへの取り組みを考えるのは当然になってくるでしょう。また、非認知的能力（40ページ参照）を重視するニュージーランドでは、保育者が生活や遊びを通して5つ（関心・熱中・挑戦・コミュニケーション・責任）の視点から一人一人のラーニングストーリーを記録する方法が取り入れられたりして、新しい観点が生まれてこようとしています。

私自身、環太平洋乳幼児教育学会（PECERA）に参加してみて、世界の保育専門組織の活動から学べることはたくさんあると実感しました。それは政財界との連携・国境を越えた組織との連携を生み、政府の家庭施策、教育施策の新たなブレインに保育者が登用されることにつながるかもしれません。世界は乳幼児期への政策に焦点をあてています。日本の政策の方向を考えるとき、これらのことも注視していく必要があります。

坂崎eyeコラム⑥

ペリー就学前計画の概要

実施場所：米国ミシガン州イプシランティ市学校区ペリー小学校付属幼稚園
対象者層：低所得層アフリカ系アメリカ人３歳児で、学校教育上の「リスクが高い」と判定された子ども（IQ70〜85）
対象者数：123名（被験者58名vs非被験者65名）　実施期間：1962〜67年
教育内容：３〜４歳児に対して、２年間（10月〜5月）にわたり、環境を通した子どもの主体的な活動から学習させる「ハイスコープ」カリキュラムに基づき、下記の教育を施す。

①学校教育（平日午前 2.5 時間、教師１人に対して幼児 5.7 人）
②教師による家庭訪問（週１回 1.5 時間）
③親を対象とする少人数グループミーティング（毎月）

実施主体：心理学者ワイカートらの研究グループ（その後、ハイスコープ教育調査財団が追跡調査）
追跡調査：3〜11歳（毎年）、14、15、19、27、40歳時点（以降継続中）

（2013（平成25）年3月25日「幼児教育無償化に関する関係閣僚・与党実務者連絡会議」（第１回）参考資料3-2より）

坂崎eyeコラム⑦

乳幼児教育の効果はIQテストでは測れない

各国の財務状況が厳しいなか、社会にとって有効な公共への投資は何かについて関心が高まっています。

幼児教育の効果に関する代表的な研究成果として前述した「ペリー就学前計画」があります。成人した被験者を比較した結果、就学前教育を受けた群：受けなかった群の高卒資格あり65%：45%、40歳での年収2万ドル以上あり60%：40%、逮捕歴5回以上あり36%：55%などと明らかな差異があったそうです。

注目したいのは、この実験は「IQスコアの向上」に長期的な効果をもたらしてはいないとされる点です。就学前教育を受けた子どもたちは、最初のうちは一般知能の向上を示しましたが、この傾向は小学2年生までに消失し、代わりに様々な「非認知的」能力、例えば自制心や粘り強さ、気概などの特性を伸ばすのに効果があったとみられるそうです。

2009（平成21）年5月18日の「幼児教育の無償化について（中間報告）」では次のように述べられています。

幼児教育の教育的・社会経済的効果

○ 幼児教育は幼児の望ましい発達をもたらすという教育的効果のみならず、社会経済的効果を有しており、その波及効果は社会経済全体に及ぶものである。このことについては、近年、諸外国において、米国でのペリー就学前計画における研究を始め、英国やニュージーランド等での大規模追跡調査などで、質の高い幼児教育が、その後における成績の向上や進学率の上昇、所得の増大、犯罪率の減少をもたらすなど、教育的・社会経済的効果を有するとの実証的な研究成果が得られている。

○ これらの研究成果では、小学校就学前に実施される幼児教育は、小学校就学後の教育投資の効果を増大させ、その効果は成人後まで及ぶと指摘されている。幼児教育は、「後伸びする力」を養うことを念頭において、将来への見通しをもって、生涯にわたる人格形成の基礎を培うものである。一連の研究成果では、幼児教育は外形的に測ることができるような能力（認知的能力）の上昇のみならず、意欲、忍耐、根気などの能力（非認知的能力）を育み、これが小学校就学後、成人後にも大きな効果をもたらすものと考えられている。

○ また、脳科学の分野でも、一般に、脳の生理学的な発達に連動して、それぞれの脳機能ごとに、環境や訓練・学習により脳の構造・機能が大きく変化しやすい感受性期（臨界期）が存在することがわかってきている。そして、この脳機能の感受性期の多くが、幼児期に存在することが明らかになってきている。このように、幼児期は人間の発達にとって重要な時期であり、幼児教育の重要性が科学的にも裏付けられてきている。

第四楽章

超スマート社会の到来に必要な能力を育てる

第四楽章では超スマート社会の到来に必要な能力を育てることをテーマとして、幼稚園教育要領改訂等で重要視されている非認知的能力（スキル）とアクティブ・ラーニング、それを支えるカリキュラム・マネジメントを取り上げます。これらは保育所・認定こども園でも同様に位置付けられます。ですから、今後、3府省で改訂・改定される要領や指針の概要もこれらの点を中心に見ていきたいと思います。

超スマート社会の到来、２０３５～50年の社会像を構想する必要があります。

１９９０年代以降、インターネットの普及は目を見張るものがあります。通信速度の高速化、大容量化とスマホ、タブレット等の出現により、従来は別々の端末から得ていた情報や映像等を1つの端末で得られるようになりました。特に処理能力の向上、ビッグデータ解析技術は私たちの生活を一変させています。最近では人工知能（ＡＩ）の進展により、これまで人間の脳が支配してきた社会の一部を人工知能が担当することになる可能性が高くなっています。今後サイバー空間と現実空間の融合が、私たちの豊かな生活をさらに保障していくことになると思われます。２０４５年は戦後１００年となります。身に付けた知識と役割を基盤とした社会から、知識を使いこなし役割を創造する「超スマート社会」へ移行しつつあります。その少しの狭間から未来が見えます。

文部科学省の有識者会議は、次期小学校学習指導要領で、課題解決の道筋を論理的に考える力を養う方策として、プログラミング教育を各教科に採り入れる方針を大筋了承しました。そのきっかけになったのはプロ棋士とコンピュータによる囲碁対決で人間が敗北したからだと言われています。

人工知能などＩＴ分野は今後も成長が見込まれます。中国、韓国、シンガポール、インドなどのアジア諸国に対して、この分野での日本の優位性はありません。日本でもこの分野の人材育成が必須になってきました。すでにプログラミング教育を実施している中学、高校もありますが、この部門を強化するとともに小学校との連携が重要事項にな

ります。

小学校ではプログラミングの「技術」よりも「思考」を重視する形となっています。「解法を設計する」「法則を発見する」といった解答を導く手順が重要視されています。つまり「プログラミング教育の本質はプログラミング的思考」と言われています。プログラミングを小学校で必修にし、「思考重視」することを大切にしようとしています。スマホでのゲームなどが遊びの中心になる中、当然ながら、「思考重視」はとても重要なキーワードです。

「プログラミング的思考は誰もが日常で使っている。意識的にも学ぶことで課題解決のスペシャリストが育つ」（ソニー・グローバルエデュケーション社長　礒津政明）。これらのことから今後、高校での新教科導入や大学の学部新設、逆に消滅もあるでしょうし、それらの基礎として小学校から新しい教育の姿が示されていくことでしょう。

ここでもう一度、今から20年後の世界を予測してみましょう。生活水準の向上や気候変動の影響でエネルギー、資源、食料等あらゆるものが不足するおそれが指摘されています。今まで皮肉なことに人口増加は戦争や病気の流行などによって抑えられてきました。今後それらが解決されると、発展途上国における人口増大により世界人口は90億人に到達するとされています。戦後70年、日本は荒廃から経済復興を遂げ、世界における中心的な国の一つになりました。

けれども20年後、日本は最後の人口増世代と呼ばれる団塊ジュニアが65歳という高齢社会を迎えます。超高齢社会、つまりは3人に1人が老人という状態です。高齢化による社会保障費の増大や介護の問題は一体どうなっていくのでしょうか。少子化による生産年齢人口減少による労働力不足、地域活力の減退などがより大きな問題となるでしょう。私がもっと深刻だと考えているのは地域活力の減退ではなくて地域消滅そして地方滅亡です（具体的にいうと、例えば私が施設を経営している3町村の人口は２０１０年現在、総計で約３万４０００人です。２０４５年では約１万５６４０人になります。54％減です。とりわけ20～39歳の若年女性人口は９００人に満たなくなります。つまりこの時点で若年女性人口は3町村で全体の約6％にしかすぎなくなります）。地方の人口は引き算ではなく縮小の掛け算で減っていきます。国策として働き口を作らないかぎり掛ける数が0になる日はすぐそこです。有効求人倍率が2倍などというのはあくまでも都市部の話であって、地方の町村における働き口の確保は本当に死活問題です。さらにいえば、例えば第一次産業を公務員化し、新たな地域づくりが必要なほど危機的な状況なのです。

約30年後には戦後１００年を迎えます。人口減少はさらに進み、2060年には総人口は9000万人を割り込み、高齢化率は40％近く、生産年齢人口は50・9％（合計特殊出生率1・35で計算）になります。社会福祉は戦後の混乱の中、行財政への依存が拡大され、「救貧」から「防貧」となり、それは高度経済成長・生活水準の向上へつながりました。けれども昭和の後半では高度経済成長の終焉とともに行財政改革・社会保障制度の見直しとなりました。平成になるとさらにバブル崩壊と経済の長期低迷、そして少子化、高齢化へと進みました。少子化と生産年齢人口の減少により社会は、保幼制度の構造改革へと進まざるを得ません。

このような国内外の様々な課題に対して、科学技術のイノベーションがどのように貢献するのかは将来への大きな期待です。特に人工知能が20年先以降にどのように実用化され、生活の豊かさへ貢献していくのかは未知の世界です。AIによる自動運転、自動調理、自動医療診断、ロボット導入による介護現場などの労力削減が進むことなどが予測されています。

しかし、大切なことは希望の未来社会は「望むこと」を誰かが与えてくれるのではなく、想像して「創造していく」ことであると考えられます。つまり、未来の社会はこれから自分たちで「作りあげる」ものと子どもたちに伝えるべきです。

今後の時代は高齢者のための時代であるとともに、その先に向けて持続できる社会を構築し、子どもたちのための時代としなければなりません。高齢者を大切にしながら、子どもの未来を保障できる社会の構築は、その真ん中にある生産年齢人口世代も含めた社会の再構築なくしてありえません。平和な国、日本をどのように進めていくのかの鍵は、今、まさにこれからの大きな変革にあるのだと感じます。

30年後の社会はそんなに遠いことでしょうか。第一楽章と重なりますが、保育所に限定して30年前に戻り、振り返ってみましょう。30年前、まだ措置の時代でありました。いわゆる措置費の国と地方の負担割合で地方分が増えました。保育所が国から地方へと機関委任事務されました（1999年の地方分権一括法により廃止）。この4年後には合計特殊出生率の1・57ショックへとつながっていきます。私としてはいわゆる委託付きの直接契約を考え始めていた時代でした。それは当時の地域の人たちには理解されるものではありませんでしたが、今考えるとそんなにおかしいことではなかったと思います。措置の中であっても、公立の保育所は直接契約と同等であったわけですから、委

坂崎eyeコラム⑧

AI の進化

1947 年　人工知能（AI）の概念が提唱される
1956 年　AI という言葉が登場
1960 年代　コンピュータに特定の問題を解かせることに成功（第 1 次ブーム）
1980 年代　コンピュータに大量の知識を与えることで、複雑な問題に対処させる（第 2 次ブーム）
2000 年代　コンピュータの処理機能が向上。インターネットが普及
2006 年　ディープラーニング（深層学習）が登場

- 近年、AI が自ら繰り返し学習する「ディープラーニング（深層学習）」と呼ばれる技術が登場。
- ソニーなどの企業は、人の生活を手助けする実用的なロボットを商品化する計画。人工知能（AI）を搭載した賢いロボットが、接客や介護、工場の安全監視など人が担ってきた様々な職業分野に進出し始めている。

2010 年代　ロボットや AI を活用して産業構造の転換を狙う「第 4 次産業革命」進む

- 例えばモノのインターネット（Internet of Things : IoT）を活用した農業の進展。IoT は、農業や製造業の生産性を高めるとともに、少子高齢社会での労働力不足に対する切り札として期待されている。「人口減少に備え、現場に行かなくても作業ができるシステムが必要になる」と強調されている。予兆診断や遠隔操作などを組み合わせた IoT や人工知能（AI）などを駆使して産業構造を転換させる「第 4 次産業革命」の波が急速に押し寄せている。
- 「人工知能の進展」は自然言語処理、音声認識、画像処理等大きな効果を上げている。今後知識労働がもたらす経済的インパクトは 2025 年時点で 5 兆円（マッキンゼー）、仕事の自動化は 47%（マイケル・A・オズボーン）といわれている。
- さらに「IoT」は拡大する。2009 年時点でネットワークにつながるモノは 9 億個、これが 2020 年には 260 億個（ガートナー）となり、日本では 10 兆円規模で増加（2013 年 11 兆円→ 2018 年 21 兆円）とするといわれている。「ロボティクスの発達」も著しく、日本の製造業で 2 倍（6000 億円→ 1.2 兆円）、非製造業では 20 倍（600 億円→ 1.2 兆円）、労働生産も 2 倍に上がるという予想もある。

確かに AI2045 年問題は様々な危険を抱えている。例えばこうした変化は職業によっては消滅の危機となり、負の面が強調されることもある。しかし、日本が直面する社会的課題である少子高齢化を解決打破する一つの要因であることは確かであり、大切なことは新技術を社会と人々のためにどう協働的に使っていけるかにある。

託である私立の保育所も直接契約の形式をとることはできると考えていたのです。

20年前の保育界はどうだったでしょうか。１９９４年にはエンゼルプラン、１９９６年には中教審による幼児期の教育提言を受け、これが保育所保育指針の改定につながり、１９９７年には戦後最初の児童福祉法の改正と「措置～契約」の扉が開き、現在の基礎が作られました。当時私は介護保険に対して子ども保険ができないかと本気で考えていました。保育所の直接契約を提唱していました。

10年前には一般財源化の嵐が吹き荒れ、総合施設構想が現れてきます。２００６年には戦後最初の教育基本法の改正、幼児教育は義務教育及びその後の教育の基礎を培うものとされ、認定こども園が出現します。２００７年にはすでに消費税をもとにした現在の仕組みが提案されています。拙著『保育維新２ 保育園の子育て支援』で私はもう総合施設の形を説明しています。０歳児から積み上げられていく教育を伴った保育所の変形バージョンと記しています。また、保育所保育指針は大臣告示化され、大綱化の道を進みます。

現在はどうでしょう。２０１２年度の子ども・子育て関連３法、それによる給付の一体化により新しい制度が２０１５年度より進められました。幼保連携型の認定こども園が本格化し、２０１６年には約４０００か所となり、幼稚園・保育所の２元化から３元化になりつつあります。

大きな変化としては措置から脱却し、私立保育所を除き、個人給付・法定代理受領になっています。認定こども園移行による社会福祉法人の学校化、株式会社立の保育所及び事業等の認可化による増大など措置時代に比べると随分違う保育界になっています。将来的に幼保一体化となったとしても、保育界にはまだまだいろいろな課題があります。しかし、現実は超少子化、女性の高学歴化、望む人はすべて就労する方向に限りなく進んでいくと考えます。もちろんワーク・ライフ・バランスや男性の子育てへの参加も進んでいくでしょう。幼保一体化に関係なく、就労に関わりなく、０歳児から親や周囲の愛着関係と共に教育が必要であることは、もう誰もが分かっていることです。

幼稚園教育要領改訂のポイント

振り返ってみると20年、30年先というのはそう遠い世界ではありません。その未来を構築するための手がかりとして平成30年施行の幼稚園教育要領の改訂を見ながら検討していきましょう。特に小学校との接続・連携はそのまま保育所保育指針、認定こども園教育・保育要領の改定・改訂にもつながっています。

今回の改訂は従来の幼稚園教育要領に明記されていたこ

とを再整理し、強調点をはっきりさせたものと言えます。知識・技能を強調しています。個別のものは5領域の記述に多数含まれます。身の回りにある文字なども5領域の記述に多数含まれます。試行錯誤し、その結果を見定めつつ、より結果を模索するわけです。元々、心情・意欲・態度として強調していますが、その態度面をさらに拡張していきます。自分から進んでやろうとし、一度取り組んだものについて粘り強く関わり続け、難しいことに挑戦し、持続して目的を達成しようと努力する、こういった学びに向かう力はまさに幼稚園教育要領の中核です。これらから5領域の記述を再整理して、幼児期の終わりまで、つまりは小学校へ接続するものとして育ってほしい姿へとつなぐのです。

カリキュラム・マネジメント、非認知的能力（スキル）、アクティブ・ラーニングの三つを保幼小接続のための大きなキーワードとして覚えておいてください。それは保育所・認定こども園でも同様です。

最初に幼稚園教育要領の改訂で最も重要な「カリキュラム・マネジメントの確立」を説明します。カリキュラム・マネジメントとは、次のようにまとめられています。

①各領域のねらいを相互に関連させ、「幼児期の終わりまでに育ってほしい姿」や小学校の学びを念頭に置きながら、幼児の調和の取れた発達を目指し、幼稚園等の教育目標等を踏まえた総合的な視点で、その目標の達成のために必要な具体的なねらいや内容を組織すること。

②教育内容の質の向上に向けて、幼児の姿や就学後の状況、家庭や地域の現状等に基づき、教育課程を編成し、実施し、評価して改善を図る一連のＰＤＣＡサイクルを確立すること。

③教育内容と、教育活動に必要な人的・物的資源等を、家庭や地域の外部の資源も含めて活用しながら効果的に組み合わせること。

幼児教育部会における審議の取りまとめ　２０１６（平成28）年８月26日「幼稚園等におけるカリキュラム・マネジメントについて」より

文部科学省では、今回の改訂に先立って２０１４（平成26）年11月20日付けで下村博文文部科学大臣から中央教育審議会へ出された「初等中等教育における教育課程の基準等の在り方について」という諮問の概要をまとめた資料で、次のように示しています。

現在の子どもたちが成人して社会で活躍する頃には、生産年齢人口の減少、グローバル化の進展や絶え間ない技術

革新等により、社会や職業の在り方そのものも大きく変化する可能性があると言われている。

そうした厳しい挑戦の時代を乗り越え、伝統や文化に立脚し、高い志や意欲を持つ自立した人間として、他者と協働しながら価値の創造に挑み、未来を切り開いていく力が必要。

これらの文章は幼児教育振興法案や今後の社会の進行とほぼ同一の内容です。実際に2050年には現在の職業の半分がなくなると言われています。人工知能の影響は大きいわけですが、本当の意味での人間の進化とは何かが問われるときが来ます。幼稚園教育要領改訂においても「自立」や「他者と協働する」は、キーワードと言えます。そのために教育の在り方も一層進化させることが必要です。学ぶことと社会とのつながりを意識しながら進めることを前提としています。ポイントは次のようになります。また、これらは幼稚園教育要領の改善イメージ（たたき台案）に示され第1章総則のポイントになっています（ちなみに第2章は今までの5領域に加えて幼児期まで育ってほしい姿を示し、幼小接続を強調しています）。全てがそれぞれに関わっていますが、あくまでも目安としては次のようになります。

知識の質・量の改善：「何ができるようになるか」→新要領の第1章第1

学びの質や深まりを重視：「何を学ぶか」→新要領第1章第2

学びの成果の視点：「どのように学ぶか」「何が身についたか」→新要領第1章第3

さらに幼児教育について、幼児期は生涯にわたる人格形成の基礎を培う重要な時期であることを踏まえ、義務教育及びその後の教育の基礎となるものとして、幼児に育成すべき資質・能力を育む観点から、教育目標・内容と指導方法、評価の在り方を一体として検討する必要があるとしています。

小学校以降の学習指導要領改訂に伴い「幼稚園教育要領」だけでなく「保育所保育指針」「幼保連携型認定こども園教育・保育要領」も並行して改定・改訂されます。保育所・幼稚園・認定こども園の「教育・保育」を共通化する方向に踏み出しています。それは子ども・子育て支援の意義である、どこにいても全ての施設で質の高い幼児教育（満3歳以上は1日4時間、共通する内容の教育時間）を受ける学びの育ちの連続性をさらに重視しています。そして、それが小学校との縦のつながりとされています。

1
小学校：知識・技能（何を知っているのか、何ができるか）
幼稚園：知識・技能の基礎（遊びや生活の中で、豊かな体験を通じて、何を感じたり、何に気付いたり、何が分かったり、何ができるようになるのか）
↓・認知的部分
・基本的生活習慣の獲得・規則性、法則性・様々な気付き、発見の喜び
・言葉の理解・身体的技能の基礎や芸術表現のための基礎的な技能の獲得等

2
小学校：思考力・判断力・表現力等（知っていること、できることをどう使うか）
幼稚園：思考力・判断力・表現力等の基礎（遊びや生活の中で、気付いたこと、できるようになったことなども使いながら、どう考えたり、試したり、工夫したり、表現したりするか）
↓・考える力↓遊びの工夫
・試行錯誤、工夫・予想、予測、比較、分類、確認
・他の幼児の考えなどに触れ、新しい考えを生み出す喜びや楽しさ
・言葉による表現、伝え合い・振り返り、次への見通し・自分なりの表現等

3
小学校：学びに向かう力・人間性等（情意・態度等に関わること）
↓・非認知的部分↓幼児教育の重要視とその指導法
・どのように社会や世界と関わり、よりよい人生を送るか
幼稚園：学びに向かう力・人間性等（心情、意欲、態度が育つ中で、いかによりよい生活を営むか）
↓・思いやり・安定した情緒・自信・相手の気持ちの受容
・好奇心、探求心・葛藤、自分への向き合い、折り合い
・話し合い、目的の共有、協力
・表現する喜び・色・形・音等の美しさや面白さに対する感覚
・自然現象や社会現象への関心等

小学校以上

知識・技能

思考力・判断力・表現力等

学びに向かう力・人間性等

幼児教育

幼児期の終わりまでに育ってほしい具体的な姿（10項目）の整理イメージ （39ページ参照）

知識・技能の基礎
（遊びや生活の中で、豊かな体験を通じて、何を感じたり、何に気付いたり、何が分かったり、何ができるようになるのか）

思考力・判断力・表現力等の基礎
（遊びや生活の中で、気付いたこと、できるようになったことなども使いながら、どう考えたり、試したり、工夫したり、表現したりするか）

遊びを通しての総合的な指導

学びに向かう力・人間性等
（**心情、意欲、態度**が育つ中で、いかによりよい生活を営むか）

幼児教育の特性

総合的な指導や園児の関わる環境を構成する視点としての5領域

健康　人間関係　環境　言葉　表現

主として教育に関わる

ねらい：生きる力の基礎となる**心情、意欲、態度**等

内　容：ねらいを達成するために指導する事項

3歳未満児にも当てはまる

養護の観点

生命の維持　情緒の安定

※今回の改訂は小学校との接続を中心に置いて、こども園、幼稚園、保育所との整合性を図り、要録にも反映される。「生きる力」を具体化するのに3つの柱を設定し、それらを10の項目に分けた保育の「ねらい」「内容」が中心で活動から姿が見える。つまり具体的な活動があってそれを領域で捉えている。これから考えると、一つの活動に複数の領域が含まれており、どのような領域が含まれているかを見る観点として5領域がある。本来は5領域ありきではない。幼稚園修了は幼児教育の終わりであるが、小学校の始まりでもあることを意識する（終わりと始まりには個人差があることも忘れない）。乳幼児期の考え方の基本が小学校の要領にも入る。

幼児教育部会のまとめから小学校以降の教育と幼児教育の考えをまとめてみましょう。

小学校以降の教育に示された資質・能力の３つの柱に沿った、幼児教育において育成すべき資質・能力の整理です。幼児教育は環境を通して行う教育であり、資質と能力は遊びを通して総合的な指導により育成するものであることを考慮して、３つの柱を幼児教育において育成すべき資質・能力へ整理しました。この中にある資質や能力は、５領域の「ねらい及び内容」及び「幼児期の終わりまでに育ってほしい具体的な姿」から主なものを取り出したものです。

まず、小学校以降の教育に示された資質・能力の３つの柱と幼児期の育ちをそれぞれに整理してみましょう。これらを鑑みながら教育目標等を一体的に検討することが肝心なのです。

さらに幼児期の終わりまでに育ってほしい具体的な姿は２０１０年11月11日の「幼児期の教育と小学校教育の円滑な接続の在り方について」に基づく整理では12項目でしたが、今回は再整理され現在10項目46細則で示されています。この姿をもって小学校以降の各教科と結びついていると考えています。

幼児期の終わりまでに育ってほしい具体的な10の姿

①健康な心と体
②自立心
③協同性
④道徳性・規範意識の芽生え
⑤社会生活との関わり
⑥思考力の芽生え
⑦自然との関わり・生命尊重
⑧数量・図形、文字等への関心・感覚
⑨言葉による伝え合い
⑩豊かな感性と表現

３つの柱、幼児期の終わりまでに育ってほしい具体的な10の姿と5領域の関係は次のようになります。

小学校との縦のつながり、学びの育ちの連続性のさらなる重視

整理のポイント

- **３つの資質を具体的にどう育てるかは5領域**
- **5領域の内容は10の姿に整理**
- **これらは到達目標ではない。３・４歳児も念頭に置いて全ての施設が対応**
- **スタート・カリキュラムの発想**

ここでは幼児期に身に付けてほしい力というのではなく具体的な姿となっています。これは心情・意欲・態度の「態度の強化」の表れでもあります。これによって２０１８年度より要録の変更が検討されています。つまりは5領域に加え5歳児にはこの10項目に対する記述が求められます。例えば「数量・図形、文字等への関心・感覚」は遊びや生活の中で数量などに親しむ経験を重ねたり、標識や文字の役割に気付いたり、必要感に応じて活用する能力となり、これらが要録を書くときの視点の一つになると考えられます。幼小接続は今回の改訂で大きな意義をもっています。後の章で詳細を説明したいと考えます。

非認知的能力（スキル）

今回のキーワードは「自立」と「他者と協働する」です。この自立と関係しているものに非認知的能力（スキル）があり、文部科学省中央教育審議会から２０１５（平成27）年8月26日付けで報告された「教育課程企画特別部会　論点整理」の「各学校段階の教育課程の基本的な枠組みと、学校段階間の接続　①幼児教育」に次のような文章が示されています。

具体的には、子供の発達や学びの連続性を踏まえ、また、幼児期において、探究心や思考力、表現力等に加えて、感情や行動のコントロール、粘り強さ等のいわゆる非認知的能力を育むことがその後の学びと関わる重要な点であると指摘されていることを踏まえ、小学校の各教科等における教育の単純な前倒しにならないよう留意しつつ、幼児期の終わりまでに育ってほしい姿の明確化を図ることや、幼児教育にふさわしい評価の在り方を検討するなど、幼児教育の特性等に配慮しながらその内容の改善・充実が求められる。

非認知的能力とは、認知能力と違って目に見えにくいものですが、学びに向かう力や姿勢、目標や意欲、興味・関心をもち、粘り強く仲間と協調して取り組む力や姿勢を指します。OECD等の海外では「社会情動的スキル」と呼ばれています。

内閣に教育の提言を行う教育再生実行会議では、幼児教育振興法案でも書かれている幼児教育の無償化や、今後進むと思われる地方での幼児教育センター創設や幼児教育アドバイザーの導入とともに、この非認知的能力（スキル）の育成は中心的なテーマの一つです。また、2014年の中央教育審議会でも幼児教育に関わるものの中で非認知的能力（スキル）の重要性が示されています。こうした姿勢や力は、従来、気質や性格と考えられていました。現在これを「スキル」と捉えて、教育による可能性を強調しています。このように教育可能なスキルと考えられたことはとても重要です。

最近、子育て支援等で気質・性格を理由に子どものわがままをあきらめている保護者の話を聞くことがあります。あきらめてしまえば、その子の気質と捉えられている非認知的能力は育ちません。親にやめるよう言われてもゲームをずっと続けている、片付けもしないでゲームに没頭する、そういう姿を子どもの「こだわり」として自分を納得させてしまう保護者もいます。こうした場合に子どもが自ら我慢する、抑制機能を働かせることができるようにすること、これがつまりは非認知のスキルを身に付けるということです。この場合に親が行うことは何でしょうか。例えば分かりやすいルールを決めて、子ども自らが納得して行えるようにしてはどうでしょう。それは自分で時間の区切りを決めさせることであったり、片付けであれば量や範囲を決めたりすることなのかもしれません。保育者であればここがポイントであり、指導や援助につながります。そして子どもが何かに取り組み終わったとき、できたことをすぐに褒めることが大切です。ただし、玩具や菓子のような物の褒美はあくまでも緊急手段。褒められることによる心の充実感が大切であることは言うまでもありません。

白梅学園大学教授の無藤隆氏はこの非認知的能力の日本における取り組みをおおよそ次のように説明しています。

幼児期の狭い知的教育の効果は一時的なものに過ぎず長続きしないことは明らかになっています。フラッシュカード等もそのひとつです。好きな乗り物やアニメのキャラクターとなれば１００種類以上覚えられるのは幼児期の特徴の一つですが、10歳程度にはなくなってしまいます（いわゆる9歳の壁）。それに対して非認知的能力（スキル）は小学校以降も社会生活の基礎となる能力であり、幼児期から小学校低学年に育成するのが効率的である言われています。日本の幼児教育「心情・意欲・態度」の育成は、もともと非認知的能力を育成してきたといえます。しかし認知能力に対して重要視されていませんでした。認知能力と非認知的能力が表裏一体となり子どもが成長していくという概念は薄かったと思います。これらを強化するには、保育者が会話等を通して子どもの発想を豊かにしたり、考えを深めさせたりする関わりをする、それが教育的援助だという認識が必要です。また、小学校とのつながりを意識することは基本です。

重要なのは、認知能力と非認知的能力のどちらも効果的に育成するためには、目標や意欲、関心が欠かせないということです。教室におとなしく座って先生の説明をじっと聞くだけではこれらは育ちません。乳幼児期の考える力は遊びを中心にして具体的に周囲を探究しながら育っていきます。小学校低学年ではこれを基礎に具体的に思考し、抽象概念を少しずつ獲得していくのです。子どもは遊びの実体験・自然体験・探究活動・人間関係等を通して0歳児からの積み重ねにより基礎を形成していきます。数や文字の力も、非認知的能力とともに高められます。

このように20～30年後を想定して教育の全体像は幼稚園のみならず大学まで変化しています。そのために保育者の資質・能力を高める研修がますます重要になります。こうしたことを踏まえ、国や幼児教育に関わる施設にとっての今後の課題は次のようになると言われています。

- **生活習慣・非認知的能力（スキル）を育てる幼児教育への投資（カリキュラム全体のマネジメント）**
- **園の保育環境の見直し・園内研修の実施等**
- **保護者のよりよい子育て行動・態度を引き出す支援や情報提供**
- **園がよりよい幼児教育・保育を行うための園内外研修の実施や情報提供**
- **日本の認知・非認知的能力（スキル）の研究と蓄積**

アクティブ・ラーニング

次に二つ目のキーワード「他者と協働する」を考えてみましょう。

パソコン等の発展により、仕事や学習が個人や在宅で可能となる時期も遠くはなく、多くの場面で人間はロボットと共に過ごし、人間がロボットを使うという発想ではなく協働して仕事をしていくのかもしれません。だからこそ、幼児期からアクティブ・ラーニングを重視し、小学校以降では授業に取り入れていくように進んでいます。アクティブ・ラーニングとは主体的・対話的な深い学びです。実際にやってみて考える、意見を出し合って考える、分かりやすく情報をまとめるなど、活動を介していろいろなことを理解する方法であり、それらの効果的学習形態を教室に持ち込んだものとなります。

つまり、アクティブ・ラーニングとは能動的学習により、思考を活性化する学習形態といえます。これまでは小学校1年では漢字を何文字覚えなければならないといった課題達成が重要で、これもおろそかにしない前提で新しい形態を取り入れるのはかなりハードルが高いかもしれません。小学校以降の教育では、相当の変化が必要に思われます。しかし、乳幼児期のアクティブ・ラーニングは意外に難しくないのではないかと考えています。何故なら、保育こそ「人は人によって人となるべく育てられる」仕事だからです。保育の場合は環境の第一は人です。人との関わりは小さいときの親への愛着関係から、一番近い他者である保育者との愛着関係的な関わり、その保育者を仲立ちにした他者（友達）との関わり、さらに友達との直接的な関わりへと発展していきます。集団としての自分と他者の関係、さらに体験や経験を重視していることも含め、乳幼児期の保育の姿はアクティブ・ラーニング的に考えられています。また、前述した非認知的能力を育むことにもつながります。認知能力と非認知的能力の関係は個々人が得た技能や知識を共有、共同し、目的をもって課題を解決する協働性へつながります。それが問題解決学習（アクティブ・ラーニング）であり、さらにどちらの能力も育てます。

アクティブ・ラーニング（能動的学習→思考を活性化する学習形態）
- **実際にやってみて考える。**
- **意見を出し合って考える。**
- **分かりやすく情報をまとめる。**

いろいろなことを活動を介して理解する方法。それらの効果的学習形態を教室に持ち込んだもの。

この章で説明された非認知的能力（スキル）は個人主義の海外に比べ、集団的な保育が進められてきた日本においては取り組みが容易と考えられなくもありません。しかし、現代の日本社会のゲーム等に支配されている姿を考えると、幼少期からこれまで以上に意識的に取り組む必要性は強く感じます。

また、アクティブ・ラーニングも学校に比べると保育現場はプレイフル・アクティブ・ラーニング的ではありますが、これも検証し前に進めていかなければならない一つです。長い間、日本の幼児教育は幼稚園および保育所の質の高さから世界的に見ても上位であると言われ続けています。けれども乳幼児教育をもっと多方面からみる必要性はあると考えています。「比べる・分類する・整理する・活動を深める・探求する・調べる：よく知る・表現する・共有する」などは当然のようであり今後の課題かもしれません。

前述したECEC Outcome Surveyにおいて、幼児期にどのような力が身に付いているかを分析し、国際比較することを目的とした調査、いわゆる「ＥＣＥＣ版ＰＩＳＡ」の実施される日も遠くありません。保育現場をそして保育者をこれらの考え方に導くとともにプロフェッショナルシステムを園で構築していく時代になっていくのだと思います。

これらを踏まえ、今後の保育所保育指針や認定こども園教育・保育要領の変更内容にも簡単に触れておきます。

保育所保育指針の改定の重要点↓幼稚園教育要領との整合性を図る

○乳児及び未満児の保育を丁寧に述べる

○5領域を幼稚園教育要領と同様の形にする

○保育による教育的役割を学校教育ではないが、幼稚園と同等とする

○現行に書かれている子どもの発達（8つの区分）は解説書にまわす

○現行の7章から5章にし、大綱化を図る

・保育課程の編成については、幼保連携型認定こども園教育・保育要領、幼稚園教育要領との整合性をとり、総則において、「全体的な計画の作成」として記載することが適当

・養護は保育所保育の基盤であり、保育指針全体にとって重要なものであることから、養護に関する基本的な事項については、総則で記載することが適当

・保育所保育において「養護と教育が一体となって展開」されることは非常に重要であり、特に留意が必要

・保育所における教育については認定こども園、幼稚園と構成の共通化を図り、各領域の「ねらい」「内容」「内容の取扱い」を記載することが適当

幼保連携型認定こども園教育・保育要領の改訂の重要点↓保育所保育指針・幼稚園教育要領と同時期に施行

○幼保の違いなく同じカリキュラムの下、同じ体験をすることを丁寧に述べる

○1号と2号認定の子どもの間で学校教育等の差異が生じないようにする

○満3歳の移行期について経験の違いを重視する

○現行の3章から4章にする。その際、認定こども園の必須事項である子育ての支援を別章立てにする

この章では超スマート社会の到来に必要な能力を育てる

坂崎eyeコラム ⑨

幼稚園教育要領・保育所保育指針の誕生まで

1876（明治９）年、東京女子師範学校附属幼稚園が誕生し、園独自の「附属幼稚園規則」が定められ、保育科目は「第一物品科、第二美麗科、第三知識科」とされた。1899（明治32）年にわが国初の保育内容、方法、施設、設備などに関する国の規定である「幼稚園保育及設備規程」が定められ、保育内容は「遊戯、唱歌、談話、手技」の４項目となる。1926（大正15）年には幼稚園の単独法令である「幼稚園令」が施行され、保育内容には「遊戯、唱歌、観察、談話、手技等」の５項目が位置付けられた。

国の規定がなかった時代には、保育内容、方法等も、小学校の教科のように捉えられていて、幼児の特性からはかなり離れたものとなっていたが、東基吉、和田實、倉橋惣三などの先導者の努力により見直されていく。保育内容、方法としてより遊びが重視され、同時に幼児の生活、自発性、興味の尊重などが強調されるようになり、その代表的なものが倉橋惣三の“誘導保育”である。保育者中心の保育から、幼児の自発的な活動を重んじ、幼児自身の手によって生活を充実したものとし、自発的な活動ができる自由な時間と環境設備が重要となるとしている。

戦後1948（昭和23）年には「保育要領」がGHQ主導で刊行され、保育内容は「見学、リズム、休息、自由遊び、音楽、お話、絵画、製作、自然観察、ごっこ遊び･劇遊び･人形芝居、健康保育、年中行事」の12項目とされた。第１に幼児の幅広い生活範囲を取り上げ、第２に幼児の保育内容の副題として「楽しい経験」、第３にはごっこ遊び、年中行事などの総合的な活動が取り上げられている点が、従来とは大きく異なっている。保育計画を取り上げている章はないが、第５章には幼児の一日が示されている。

しかし、子どもが身に付けるべきものを最低必要基準としておさえ系統的に指導すべきという意見や、1952（昭和27）年に日本が独立を回復し教育の方向が大幅に変わったことにより、この保育要領は「試案」、参考書的な手引きとされた。幼稚園だけではなく保育所、家庭の父母にも通用するといった位置付けに批判があった。この保育要領は当時、保育の実践者には歓迎されたが、保育を外部から眺める指導的な立場にあった指導主事、兼任園長、学校教育を経た園長などからはもっと組織性や系統性がほしいという要求が強く、特に学校教育としての要素が少ないと言われ、これらが1956（昭和31）年の「幼稚園教育要領」制定につながっていく。

一方、保育所は1963（昭和38）年頃まで児童福祉法の“保育に欠ける乳幼児”を保護者に代わり保育するという考えが中心で、子どもの発達を促すといった視点が希薄だった。その後、幼稚園と保育所の保育内容や指導計画が大幅に異なっていてよいのかという議論が高まり、これが「保育所保育指針」の制定につながる。特に保育所における教育については1963年に文部省と厚生省の両局長名により「保育所の持つ機能のうち、教育に関するものは、幼稚園教育要領に準ずることが望ましいこと」という通知が出された。「準ずる」は法律用語で、「模倣する」とか「同じ内容にする」という意味ではなく、両施設は保育時間が違うので保育内容や指導形態が多少異なるのは当然だが、同じ程度のことを、同じ方向性で考えていくということ。今さらながらではあるが、当時、最初の保育専門官として保育における教育の導入に関し先見の明を示された岡田正章氏に改めて感謝したい。

ことを述べてきましたが、その能力がどのようなものであるかを理解することは簡単ではありません。野村総合研究所は今後10～20年で日本の労働人口の49％は代替可能になると発表しています。18～19世紀に起きた第1次産業革命以来「人類は変わる環境の中で仕事を見つけてきた」と言われています。少子高齢社会の中で、人間にしかできない新たな雇用を創出し、ロボットと共生できるかが問われるそうです。コンピュータにできない能力（感性や感情で判断してそれを高次化する能力）とは、どんなものなのでしょう。そのヒントは最後の章でもう一度考えてみたいと思います。

次の章では、本書の意図することである0歳児から積み上げられる乳幼児教育、これこそが保育なのですが、その専門性（保育者の関わり方、実感のある体験、生活実現化と対人関係への意識、感情豊かな経験の共有）とは何かを述べていきたいと思います。

坂崎eyeコラム⑩

現状の問題点❶　待機児童

今回の子ども・子育て支援制度は、保護者が就労をしていない満3歳未満の子ども以外は全てを対象にしています。平成26年度までは定員しか入れなかった状況から、「保育を必要とする」場合は全て入園ができる仕組みになったので、当分の間、待機児童は減っていきません。しかし全国的に見れば少子化であり、東京等の大都市以外は近年中に解消の方向に進むと考えられます。

このため、都会と地方では幾分、問題が異なります。都会では慢性的に施設数が不足しているわけで、幼稚園の認定こども園化や保育所への企業参入も含め、施設増を考えなければなりません。どこの自治体でも計画的に進めていると思われますが、横浜市を参考にすると、初期投資も含めて体力のある公立、大型法人や企業が解消の中心であることは間違いありません。志のある地方の法人の進出も都会の活性化につながると考えます。

一方、地方でも施設や事業が必要なところもあります。多くの場合は3歳未満児への対応だと考えます。そうであれば未満児保育所・分園・小規模を徹底して作り上げることです。もちろん幼稚園の認定こども園化も必要です。地方では社会福祉法人が待機児童解消の中心になってきた経緯を考えれば、是非とも小規模等の事業で速やかに解消していくべきです。

坂崎eyeコラム⑪

現状の問題点❷ 少子化

2016 年の出生数は 100 万人を割り込み、2060 年代には最悪の場合は 40 万人台も考えられるそうです。これまでも合計特殊出生率が 1.57 ショック以降に 1.2 台まで落ちた経緯があります。この時期に最大限の対策を打っておけば……という後悔をしてもすでに手遅れです。生産年齢人口は現在の 7600 万人台から 2055 年には 5000 万人を割るといわれています。これは女性の就労も見込んでの話です。確かに優秀な外国人留学生の日本での就労を後押しするとか、グローバル化した日本企業が日本各地に外国人従業員を配置するとか、移民ではないけれど日本で活躍する外国人は必要とされ増加すると考えます。しかし、この問題は多くの過疎化の問題と直結します。大都市への人口や情報の集中は地方から就労場所をなくしています。例えば第一次産業の公務員化、国立大学等の国の事業を完全に分散化するなど思い切った施策が必要です。介護施設を中心とし、病院、商店、行政施設が集まる中心街等の設計など高齢化や少子化に合わせた街づくり、地方都市のモデルを創成していくべきです。

日本の人・情報・仕事などをトータルでグランドデザインすること、希望する全ての人に働いてもらうためのワーク・ライフ・バランスを実現すること、出産前から小学校高学年まで切れ目ない子育て支援をすることなどで、子どもを持つことや将来に対して大きな安心感を形成していかなくてはなりません。

坂崎eyeコラム⑫

現状の問題点❸ 虐待

虐待は大きな問題です。年間約 10 万件、そのうちの 4 割以上は小学校就学前です。残念なことにその多くは家庭内です。ですから 3 歳未満の「保育を必要としない」家庭で養育されている子どもたちへの支援はもっと重視されるべきです。保健師を中心とした現体制を強化するとともに、考え方は古くなりますが、バウチャー券を発行して子育て支援施設の事業等への参加を積極的に促したり、都会ではネウボラ（85 ページ参照）的な施設を設けたりする必要があります。専門的に支援をしていく人の育成等、この時期への社会からの支援をデザインすることが早急に必要です。また従来であれば母親中心になりがちですが、父親も含めた家庭支援の視点も必要です。少子化問題とも連動し、全ての子どもに対する支援体制の強化は必須となっています。

第五楽章

0歳児から積み上げられる乳幼児教育と保育の専門性

第五楽章では乳幼児の教育とは乳児（0歳児）からの発達を見通した教育であり、保育者（乳幼児教育の専門家）はそれらに対する深い理解が必要であることを主題にしています。もともと幼児教育（＊3）は環境を通して行う教育（コラム⑬参照）であり、資質と能力は遊びを通した総合的な指導により育成します。5領域とは、子どもたちの育つ場所は生活と遊びの場であることを生かした教育の視点です。ですから保育者は日常の基本的生活習慣育成の達人であり、また、専門的適応力の達人でもあります。その点から保育者を「反省的実践家」と呼ぶ研究者もいます。「反省的実践」とは1983年にドナルド・ショーンが著書で示したもので、身体を使って実践しながら、同時に意識はその行為を客観的にモニターして反省的洞察を行い、行為の効果を支えているといった意味です。神戸大学准教授北野幸子氏は専門家としての保育者も「反省的実践家」であると論じ、その力量を説いています。

幼稚園教育要領で示される満3歳からの教育の前提として、生まれた瞬間から積み上げられる教育の重要性はもっと社会的に認識されなくてはなりません。ＯＥＣＤで今後予定される調査でも対象は0歳児からです。

3歳未満児の現状から考えていきましょう。3歳児神話はもはや限界です。実際に虐待が年間10万件、さらに虐待死亡の6割が乳児であることを考えると、乳幼児施設に入る前を放置しておいてはいけません。もちろん、3歳までの特定の大人、特に母親との安定した愛着関係は大切です。けれどもそれは周囲の援助なく、母親と子どものみの密室的育児ででき上がるものではありません。核家族が当たり前となった現在、家庭のみで育てるのが一番であるとか母親がいればそれで良いではないかという前時代的な発言は、もはや社会が育児を後押しすることを放棄しているといえるのではないでしょうか。このような考えが政治家にあるとすれば、今後の国家の舵取りとしてふさわしくない政治家だということになります。現状でいえば、認可施設に入れない子のために無認可施設の入所に対しての補填等があ

＊3　幼児教育の基本的な概念については拙著『保育維新3　未来を育てる保育園』を参照していただきたい。

坂崎eyeコラム ⑬

「環境による保育」と「ねらいと内容」

1989（平成元）年改訂の幼稚園教育要領は、現在の要領・指針の基礎になっているといっても過言ではありません。基本的には幼稚園教育要領はこの時に告示化されました。これは学校教育法→同法施行規則→文部省告示の順序で、順次上位の法を補完しているため、法規的性格を有し、法的拘束力を持つこととなりました。ちなみにこの時現場では、小学校の教科を下請けするようなものとして誤解を生じた６領域を幼児教育の特性を考慮した５領域に変えたことの方が話題となりました（※）。また、保育所保育指針は 2008（平成 20）年に告示化されています。

この時の幼稚園教育要領改訂に先立つ論議、1986（昭和 61）年『幼稚園教育の在り方について』において「環境による教育」が打ち出され、「幼稚園教育は環境による教育であること」として、次のように述べられました。

「幼稚園教育の目標が有効に達成されるためには、幼児が、自発的・主体的にかかわれるような環境の構成が最も大切である。その環境には、人的・物的の両要素が含まれていること及びその核をなす教師の役割について、教師の十分な理解が求められる。この場合、教師の果たすべき役割の基本は、幼児と生活を共にし、幼児との信頼関係を十分に築いて幼児の心に触れ、その発達や興味・関心の芽生えを発見し、それを育てることによって、幼児の心身の発達を適切に助長することだという事が出来る。このような役割が実際の指導において適切に果たされるためには、幼児の実態や地域の実情に応じて、各々の教師が自ら創意・工夫を行うことが大切になる」

このことにより「環境による教育」は次のように説明されました。

ア　幼児の主体的な生活を中心に展開されるものであること
イ　遊びを通しての総合的な指導が重要であること
ウ　幼児一人一人の発達の特性及び個人差に応じた教育を行うことが大切であること

このように幼児期の特性に応じた「見方・考え方」は、環境に主体的に関わり、試行錯誤をしたり、法則性に気付いたりしていくことによって育まれるのです。

※６領域が小学校以降の教科と類似していたため、このような指摘を受け５領域が作成された。なお、幼稚園教育要領第２章の題目は「ねらい及び内容」になっている。これが例えば「教育5領域」と書かれていないところに小学校以降の教育（例えば教科的な授業や活動）とは異なる乳幼児教育の本質がある。つまりは、本来幼児において期待される心情・意欲・態度などの「ねらい」と教師が指導し幼児が身につける「内容」を重視しており、その発達の側面からの５領域である。また、各領域は相互に関連性を持つとともに、「ねらい」は体験を重視しながら達成へ、「内容」は環境に関わりながらの総合的指導を指している。

ることを批判する場合があります。新しい制度では認可施設に通う子どもたちへの補助も個人給付であり、安全管理をした上での無認可施設入所への個別補填も当然なことです。それが理解できないことが若いお母さん方を苦しめていると思います。

3歳未満児の施設での受け入れ増大は避けられません。将来、例えば0歳児を全員育児休業制度の対象としても満1歳からは半数以上が施設に入園していくと考えられます（1・2歳児の保育所等利用率：2008年度27・6％、2015年度38・1％、2017年度の見通し46・5％）。この部分を手厚くするために認可施設以外の事業の拡充も必要と考えます。2015年度以降、小規模保育事業等の地域型保育事業が新しい制度として設けられていて、これまでの無認可保育所への入所が認可として顕在化していくのと同時に、新規事業も増えると考えます。もちろん大都市では保育所そのものを増やす必要があります。地方でも未満児に関しては待機児童がある場合があります。なかなか利益をあげにくい中で、参入事業者が確保できない状況もあります。社会貢献という意味で、未満児保育を得意とする社会福祉法人等にぜひとも事業を展開していただければと思います。地方でも見えない待機児童は現実にあり、そのためには社会福祉法人が小規模保育やベビーシッター等を展開できるシステムを作りたいものです。

いずれにせよ0歳児から積み上げられる乳幼児教育の確立、それを理解し実践できる乳幼児教育の専門家の確立はこれからの大きな仕事になっていきます。

今回の保育所保育指針の改定の方向性から見てみましょう。乳児期からの保育の積み重ねが基本的生活習慣の確立、社会性の獲得、保育士等との基本的信頼感の形成、自己肯定感の育成、そして前述した非認知的能力を育むことにもつながっています。歩行や言語の獲得など子どもの認知能力の発達も著しいときです。専門職としての保育士による、それぞれの子どもの発達過程に応じた「学び」の支援が、生活と遊びの場面で適時適切に行われることが重要とされています。また、それが3歳以降の保育につながっていきます。今回の保育所保育指針の改定でも幼児教育への積極的な位置付けがなされようとしています。第四楽章で示した幼稚園教育要領等との整合性も図られ、特に表記を各領域の「ねらい」「内容」「内容の取扱い」に統一しようとしています。また、全体の章立てや総則の考え方にも配慮がうかがわれ、養護を総則に入れ、全ての章の前提としています。さらにできたばかりの認定こども園教育・保育要領の改訂もほぼ同時に進められています。

乳幼児教育の専門家とは何でしょうか。保育者は専門職として判断を求められる場合が生じます。この場合「科学的根拠」と「実践知」に基づく判断となります。子どもの

坂崎eyeコラム⑭

満3歳児問題

現行の要領や指針で整理されていないものとして満3歳児問題があります。保育所にはこの学校教育である満3歳という考え方がありません。3歳以上児、3歳未満児という分け方です。

幼稚園は満3歳からの入園ですから、満3歳児単独クラスか、通常の3歳児クラスに編入して2か年、3歳児クラスで過ごすということになります。幼保だけであればこの対応で済んだと思いますが、現在、認定こども園が本格化した中では大きな不具合が生じています。認定こども園では、通常の園であれば2歳児クラスに「3歳未満の個別的な保育を受ける園児」と「満3歳の集団教育としての学校教育を受ける園児」が混在します。さらに、園児たちは年度中に前者から後者に移行していきます。教育的なことも含み、本来であれば個別の対応から徐々に一つのクラスとして進めていくのであり、年度途中での満3歳の区切りには相当の無理があります。2歳から3歳への育ち（2歳児クラス）と3歳から4歳への育ち（3歳児クラス）は明確に異なります。

幼稚園のみが学校教育に位置付けられていた状況で認められた満3歳入園は、認定こども園が本格化した現在、大きな問題があります。学年としての3歳入園に戻すことも一つの考え方だと思います。大切なことは満3歳で教育が分断されないようにしていくことです。その場合、学校教育の位置付けを2歳もしくは3歳、どこに線引きすべきなのかとなりますが、この場合は実際には2歳児年度からは無理なので、3歳の春から学校教育とすることでいいと考えられます。ただし、この場合も満3歳の1号認定をどう考えるべきかということはあります。満3歳になったら働いていなくてもいわゆる2歳児クラスへ入れる仕組みにすることが必要だと考えます。

さらに補足しておきたい点は、満3歳児が園にとっては大きな問題であるのと同時に、3歳未満の未就園児の問題、つまり保育を必要としない子どもへの補助や子育て支援は制度を含めて再考する必要があると思います。虐待や貧困という深刻な問題だけではなく、その予防も含めた新たな仕組みを構築する必要があります。今回の小規模保育事業等の新たな事業展開や認定こども園の子育ての支援等も含め、「(仮) かかりつけこども園」制度など、家庭保育を支援する部分の強化も大きな問題です。

一番身近なところで、科学的根拠に基づき、実践知をもって判断をし、保育実践するということになるでしょう。

　それでは保育の専門性とは何でしょうか。小学校以降の学校教育との違い（例えば教科書の有無）、乳幼児教育の独自性を発信していくことは急務と考えます。小学校と幼稚園・認定こども園・保育所等との接続・連携の在り方が重要視されていく中、５領域や幼児期の終わりまでに育ってほしい資質や能力の育成者としての仕事内容を、保育の専門性として示していくべきです。

　乳幼児期の教育とはつまり保育そのものであり、養護とともにある０歳からの教育に対する深い理解が求められていきます。この時期のステークホルダーは施設でも保護者でも保育者でもありません。保育の結果を利害として受けるのは子どもそのものです。もともと保育士や幼稚園教諭は最低限、子どもの発達保障（発達を見通す力）の専門職であると考えます。この時点で他の福祉職と少し異なると考えます。０歳からの子どもの発達保障と学校教育の理解を最低限の基礎資格として、受容と保育の説明責任の専門家として確固たる地位を作り上げていかなければなりません。

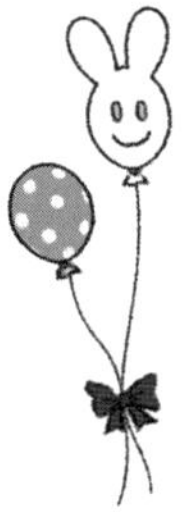

坂崎eyeコラム ⑮

幼児期の自立と幼小接続

　1983（昭和 58）年の「中央教育審議会教育内容等小委員会審議経過報告」において、これからの教育改善における自己教育力育成の重要性がうたわれました。それは「学習への意欲と意思」「学習の仕方の習得」「生き方の探求」を内包する視点として捉えられています。これは、まさに「自立への基礎」とされました。また、幼小関連の視点は 1986（昭和 61）年の臨時教育審議会教育改革に関する第２次答申で「小学校低学年においては、教科の総合化を進める」とし、1987（昭和 62）年に教育課程審議会が社会科と理科を廃止、新教科として「生活科」の設置を答申しました。小学校低学年における「生活科」新設の背景には幼小間の発展的連続性がありました。
　このようなことから 1989（平成元）年の幼稚園教育要領告示化時より幼小接続は大きな観点となりました。2008（平成 20）年には幼小接続が規定されました。幼稚園教育要領第３章第１の１の（9）と２の（5）がそれを指しています。特に２の（5）は認定こども園教育・保育要領でも同様です。また、小学校指導要領においても同様（例えば国語と言語）に規定され、これらが「スタート・カリキュラム」になっています。2010（平成 22）年には幼児期の終わりまでに育ってほしい 12 の姿が示されており、今回の接続強化（40 ページ参照）につながっています。なお、「アプローチ・カリキュラム」は俗称であって文部科学省の正式名称ではないことを付記しておきます。

発達保障の考え方
発達課題論的アプローチ（発達課題とはR・J・ハビガーストが最初に唱えた）
発達課題の概念
① 教育の目標と内容を構造的に把握すること
② 教育の目標を家庭教育、学校教育、社会教育の役割の全体的な関連の中で明確にすること
③ 〈教育の適時性〉の原則を踏まえること

0歳児からの子どもの発達とその保育について

では0歳からの子どもの発達について考えてみましょう。全米乳幼児教育協会（NAEYC）は『乳幼児の発達にふさわしい教育実践』（東洋館出版社）でその対象を0歳から8歳としています。小学校3年生から4年生ごろにかけて、学習内容が具体的なものから抽象的な思考能力が必要とされるものに変化し、ここで学習についていけなくなってしまう子が増えることから言われた言葉、いわゆる「9歳の壁」はこうした発達の過程に基づいています。少し詳しく見ていきましょう。

十文字学園女子大学特任教授内田伸子氏は乳幼児の認知段階を9歳程度までの3段階に分けて示しています。分かりやすく下記のような表にしました。

乳幼児期の認知段階

第一次認知革命（10か月頃まで）	イメージの誕生／体験の記憶や想起／男女の個性→図鑑型 物語型扁桃体 頭の中における変化　見立て遊び　延滞模倣　記憶し思い出せる 物理認識　物の同一性認識が分かる　物が見えなくなっても存在する認識 外から分かる変化　他者に問いかける
第二次認知革命（5歳児後半程度）	空気を読める／因果関係／他者の視点／可逆的操作／自分を振り返る／メタ認知
第三次認知革命（9歳程度）	抽象的思考／段階論理／意識情緒／9歳の壁／意志力／判断力／モラル

私たち保育者はこの第一次認知革命から第二次認知革命まで保育をすることになります。前述したように保育者の仕事はこの間の発達保障とその支援であると考えます。

人間の脳の成長と身体の発達は相互の関係にあります。類人猿から人間に進化する過程で得たものは、大きくいうと「**歩く**」「**道具を使う**」「**話す**」の3点です。現在人間は誕生から約1歳半までにこの3つの能力を獲得します。1歳半になると脳の大きさも大人にほぼ近くなります。発達には法則があり、一方方向への順序性があります。発達は脳の変化であり、経験により脳は変化し、また、脳は未熟なほど変化しやすいと言われています。特に乳幼児期前半の発達は著しく、その点から乳児や3歳未満児までは個別にそれぞれの成長に合わせて保育を行うことがとても大切だとわかります。

脳の発達に関する情報が最近多くなりました。脳の音を司る領域と言語の領域は重なっているから音楽は脳の早期教育によいとか、記憶は寝る前が効果的だから絵本を読み聞かせることも寝る前が効果的など、保育の実践を裏付けてくれる情報です。

脳は目や耳を司る方面から「後→前」の方向で前頭前野に向かって形作られます。子どもたちが様々な体験の中から何か一つを伸ばすと他のものの領域も伸びるので、体験や経験は大きく役立ちます。その体験を脳の発達を理解して保育の中で設定することが専門性の一つでもあります。

図鑑は男女にかかわらず理系の感性を育てるために小さい時の必須アイテムと言われます。0～3歳の絵本、2～5歳の音楽、5～10歳の運動や楽器、8歳をピークとする語学、9歳のコミュニケーション能力など脳の発達と能力の獲得の関係を知ることは、保育を行うのに大きなヒントを与えてくれます。

【第一次認知革命（10か月頃まで）】

第一次認知革命を新生児からの身体的な発達を通して見てみましょう。

粗大運動の発達／4か月：肘支え↓6か月：掌支え↓7か月：ずり這い↓8〜10か月：四つん這い

微細運動の発達／新生児：把握反射↓4〜5か月：手掌反射（掌全体で握る）↓7〜8か月：橈《とう》骨側反射（親指も使って握る）↓8〜10か月：ハサミ状把握（親指と残りの指で挟むようにつかむ）↓12か月：ピンセット状把握（親指と人差し指でつまむ）

例えば歩行の開始について、ハイハイをせずにいざって移動すると歩行開始が遅れ、1歳半以降になることがあります。遅れの背景として歩行器の使用、うつ伏せをしないことも要因に挙げられています（うつ伏せ寝が危険であることが前提にあり、うつ伏せにさせない）。1歳半以降になっても歩行しない場合は医師の診察を受けたほうがよいと言われます。ただし、運動の発達の時期には個人差があります。脳の発達が運動の発達につながっているので、神経の発達に伴い頭に近いところから徐々に動かせるようになります。この脳のプログラムが性格も伴ってそれぞれに異なるので、発達のスピードの違い、個人差となります。

現在乳児保育は全体の8％前後であるので約8万人が認可保育所やこども園にいます。乳児を担当する保育者が保護者と違う点は、やはり発達における学術的な知識と経験値を併せもつところにあります。ですから身体的な発達についても正常の範囲内であるものと病理的なものの判別、食育的なことなどの知識と経験値とともに、もちろんカウンセリング力も必要な時代になってきています。

次に対人関係（言葉の発達）や1歳までのコミュニケーション能力の発達を考えてみましょう。

対人関係の発達（言葉の発達）／0〜1か月：「反射的」行動↓1〜2か月：目前の他者と視線を合わせる。ほほえみ革命。つまり、自己と他者の関係性「2項関係的交渉」↓3か月：顔貌認識能力。顔面中心部構造から特定の顔貌（性、人種）を識別可能となる

乳幼児は脳の発達に伴い、他者の視線の向きや動き、口の動きやジェスチャーを理解できるようになります。これは社会的に意味のある動きを理解する能力、情報処理能力が芽生えていることを示します。

2項関係的交渉とは「自己〜他者」「自己〜モノ」です。

これが3項関係的交渉「自己～他者～モノ」へと発達していきます。他者が注意を向けている対象を共有できるようになります。乳幼児の共同注視はこの発達の表れです。これを考えてみましょう。

共同注視の発達／9～12か月：他者の視線や指差しによって注意の方向に追従する↓15か月：他者の注意を自分の興味の対象に向けさせる行動をし、他者の状況を推察する

つまり9か月ころから他者の見る方向が変わるとその視線を追う、視線追従ができるようになります。このような3項関係の成立は言語の基礎となります。これが9か月革命、9か月の奇跡といわれるゆえんです。

0歳児の人との関わりとは愛着関係の形成であり、イメージの誕生です。0・1歳児の遊びは保育者との人間関係が中心で基本的信頼関係を形成するときです。それを基本として1歳までのコミュニケーションの発達をわかりやすく月ごとに示したのが下記の表です。

1か月	視線が合う
2か月	あやすと笑う
3か月	追視する
4か月	親と他人で表情が異なる
5か月	人見知りが始まる
6か月	ほしがって声を出す
7か月	喃《なん》語に韻律が出てくる
8か月	「イナイイナイバー」で声を出して喜ぶ
9か月	名前を呼ぶと振り向く
10か月	動作の模倣が増える
11か月	指差しで意思表示
12か月	意味のある単語を話す

このように発語の前提条件として、言語理解のための蓄積をする必要があります。

3項関係の成立／やりとり、指差しやものまね、どうも、バイバイなど

だからこそ発達レベルに応じた保護者等の介入的な役割は大切です。

2項関係の成立を目指す↓視線を合わせて話しかける・あやす・身体的甘えを誘う・ものまね練習（バイバイ、おじぎ）3項関係の成立を目指す↓おもちゃのやりとり・指差し誘導・ごっこ遊び

保育所等の施設の良さは、これらに対応する人材が豊富であることです。施設には保育士ばかりでなく看護師や栄養士もいると思います。専門知識と経験で新米お母さんの子育てに協力できる、強力な「赤ちゃんスタッフ」を作るのも良いでしょう。また、赤ちゃんスペシャリストを育成するのもその園の特質になるかもしれません。また、お母さんだけではなく初めて赤ちゃんを迎えた家庭そのものを支援するシステムは、今後必ず必要になるでしょう。

【第二次認知革命（5歳児後半程度）】

第一次認知革命以降の身体的な発達の節目として歩行が挙げられます。ハイハイ（8か月〜）、ひとり歩き（1歳〜）＝移動運動ができるということは、いたずらつまり探索行動が自発的に行われることを意味します。1〜3歳は「いたずら時代」であり、いたずらとは「良い行動」であり、危険のない場合は注意したり叱ったりしてはいけないのです。むしろ、いたずらをしない「良い子」はリスク児であり要注意であると考えられています。ここでも身体的な発達と脳の発達は深く結びついています。

良いいたずら行動の「心の基地」はお母さんであることはいうまでもありません。保育においては特定の保育者との関係は大変重要になっています。保育者との愛着については後述します。1〜3歳では自発的な探索行動をするとき、お母さんや特定の保育者にスキンシップをさかんに求めてきます。この時期の安心感：情緒の安定（母子間のアタッチメント）は将来への財産として大きなものです。実際には5歳児であっても大切なことです。ここで少し気を付けたいことは、身体的甘えは満たされれば安心して離れて行きますが、物質的甘えは際限なく大きくなっていくことです。きちんと否定すべきことは大人が否定しなければなりません。このように情緒発達の基本は乳幼児期に形成

されます。母子関係等の充実、その安心感が潜在意識に刻まれると言われています。

発達していく脳に最も大きな影響を与えるのは生育環境であり、それは母子関係を基本にした家庭環境にあるのです。寄り添う信頼関係としての安全基地であること、その子の進歩を認め他児と比べない、定義を与えすぎない、裁判官のような判決を下さない、つまり命令ではなく提案するようにすべきであること、子どもが考え判断する余地を残すこと、これらによって自律的思考、創造的想像力が育まれます。否定的な言葉ばかり聞かされた脳がよい発達を保障されたとは言いにくいでしょう。

例えば赤ちゃんが空腹・不快感に対応を求めるサイン（表情・涕泣《ていきゅう》・動作）を出したときに、不適切な対処をすればストレスが蓄積されます。これは脳にも蓄積されていきます。不適切対応の反復はストレスを蓄積し、ストレスによる自己抑制から親の対応を是認し、未熟な対人関係がストレス環境での適応障害を生み出し、情緒不安定となっていきます。人格形成の基礎を損なう恐れのあるストレスを与えることは、極力避けなくてはなりません。

第二次認知革命までを幼児期の対人関係の発達で考えてみると下記の表のようになります。

0歳9か月	9か月革命：3項関係、視線を追う
1歳	発語
1歳3か月	他者の注意（視線）を操作する
1歳6か月	他者の困った状況を助けようとする
2歳	自己像認知
3歳	母国語の音韻体系確立
4歳	現在、過去、未来の概念
5歳	心の理論確立、内言語の発達

次にこの時期に歩行の開始と語彙の増加の関係から幼児の姿を見てみましょう。

1～2歳　人との関わり／自我の芽生え／自己主張の始まり／社会性の形成期／語りの始まり
2歳　語りの始まり
3歳　物おじせず、自分以外の人に向けて表現する
4歳　恥ずかしがる
5歳　空気を読んでほめる、励ます／視野を広げる

この時期に大切なものとして「共感する」という能力を育てられたらと思います。一説に病気の治癒力は一人でいるよりみんなでいるほうが、また、前向きで生きているほうが高いとも言われています。集団保育の中で一人より一緒のほうが楽しいと感じるように、また、一緒にいて不快に思うような状況をつくらない指導は大切かと思います。

また、指導としては発達の最近接領域に働きかける、いわゆる足場掛けをして達成を目指す、そのような課題への挑戦も必要です。

このように子どもの発達を考えると、人類の進化をたどって成長することがわかります。また、五感を駆使してリアルな体験をしていくことが人生の基盤になるとも言われています。このようなことから戸外遊びなどの自然との触れ合いは大事なことですし、運動させることも大切です。しかし、実際には自由遊びで運動嫌いの子は動きません。ですから運動能力の発達には保育環境として、登る／渡る／運ぶ／ぶらさがる／走るなどを要請する設定が必要です。環境による発達の保障とはこのような点にあります。

日本の場合は幼稚園教育要領・保育所保育指針とも体験至上主義です。保育とは子どもが環境を通して生活や遊びの体験をし、これにより発達していくと考えます。体験は説明する必要がないほど重要です。ここでは、もう一歩踏み込んで子どもにとって大切な「経験」とは何か考えてみます。5歳児の第二次認知革命において大きな要素だからです。経験とは五感を使った体験と疑似体験であり、経験が豊かなほど創造世界は豊かだと言われています。しかし、必ずしも創造と経験はイコールではなく、思い出される経験は断片的で、目の前の出来事から連想される断片的な経験と複合したり、脈絡をつけたりするなどの加工作用が起こります。新しいものが付け加えられることにより創造の可能性は広がるのです。体験に疑似体験が加わった経験が想像と創造の泉であるとしても、例えば鳥→飛ぶもの→飛行機という発想は人間の英知としか言いようがありません。それでも様々な経験が人間の生活を豊かにし、発明の源になるならば、幼少期から体験し、そこから触発される何か

を合わせて経験し、それらを積み重ねていくことが進化となることを理解できます。

このように体験したことを経験として蓄積していくために大切な語彙についても少し説明します。言葉は第一次認知革命で成立した対人関係を基礎として習得されます。語彙も人とやりとりをして習得するので、第二次認知革命の時期に大人が子どもの主体性を大事にした関わり方をすることが大切です。繰り返しになりますが、主体的な探索や自律を考えること、また、考える余地を与えることなどです。3歳ごろまでは談話中心、文法は5歳後半で、読むこと書くこと（模写能力）も5歳になれば可能です。環境を通して行う自由保育のほうが一斉保育より語彙が多いとも言われています。ただし、運動能力と同様、ただ自由にさせておくのでは個人差が出ます。多様な人との関わりや子どもが自分から積極的に読んだり書いたりできる環境の設定が必要なことは言うまでもありません。幼児期の言葉は体験の中で意味をもつので、「体験と言葉」を教育内容へ展開していくことが必要だと考えます。体験に根差した豊かな言葉を蓄え、体験に根差した言葉を使うことが重要だと考えます。

ここで園の保育から子どもの遊びと学びの状況を表にしておきます。

0、1歳児の遊びと学び	親・保育者との人間関係が中心 基本的信頼関係を形成（一人遊びの最中や、区切りに親・保育者に抱きつく、何かを見せに行く）
1、2歳児の遊びと学び	自我の芽生えや自己主張の見られる遊び
3歳児の遊びと学び	親・保育者との信頼関係の成立／愛着から精神的依存関係
4歳児の遊びと学び	遊び仲間の成立 クラスの友達へのまなざし（個性、類似性、異質性への関心）／自己中心性から他者への関心と協同へ 時系列的記憶の形成へ
5歳児の遊びと学び	固定的遊び仲間の成立 ルールの活用／人間関係の複雑さへの気付き／クラスの一員としての自覚／クラス、園、地域、社会への関心

これをもう一度、脳と結び付けてみましょう。

スキンシップは「きずなホルモン（脳内ホルモン／オキシトシン）」の分泌を促しよい効果が表れます。自分をコントロールできる、ストレスに強くなる、やる気効果のドーパミンも出る、記憶力・集中力が高まる、信頼感や社会性が育つと言われています。もちろん親子での触れ合いも大切ですが、他人等とのスキンシップも重要です。園での抱っこが子どもの問題行動を少なくした例はたくさんあります。乳児死亡率が世界で最も低い日本にとって、生育期の大きな問題として貧困とともに虐待があります。ソフトネグレクト、物質的な甘やかしは、脳にも傷を残すと言われています。

4～15歳時に体罰を3年以上受けた米国人成人男女を調査した結果（熊本大学＆ハーバード大学共同研究2008年）

1　前頭前野背外側部（認知機能）　14・5％減少
2　前頭前野内側部（感情・意欲）　19・1％減少
3　前帯状回（集中力・注意力）　16・9％減少

これを見ると乳幼児期の育児環境が脳を変えているのは明白です。生まれつきの脳の機能は脳の内部環境であり、外部環境としては親子関係・家庭環境・学校環境・社会環境・食生活・自然環境・訓練・リハビリなど様々なものがあります。この脳の内部環境と外部環境をつなぐ入力系が視覚・聴覚・触覚・臭覚・味覚・平衡感覚・固有感覚などです。これらから

・発達脳は可塑性をもち生育環境で変化する
・正常脳も生育環境で病的脳になり得る
・病的脳も生育環境で正常脳に近づき得る

と考えるべきです。

脳は3歳くらいまでにでき上がります。安心できるスキンシップが「心が伝わる脳」を育て、知りたい、やりたい、興味をもつ、好きなことを最後までやってみる、そうしたことを大切にする日常が「考える脳」を作ります。生きる力・問題解決能力を育むためには「暗記」型から「活用」型の学びへと変更が求められています。つまりは子どもの生きる力を育てるには自分で考えること（知識と技術を活用して）が必要ということです。それが自分で決めること、そして自分で行動することにつながります。そして脳の発達からみても、こうした学びの基礎は満3歳からの学校教育以前に培われるものだといえます。

ここまでの0歳児からの発達の連続性と「0歳児から積み上げられる乳幼児教育」についてまとめてみます。

第一次認知革命までに脳はほぼ大人と同じ重さになることの重要性や、人との関わりが言葉の獲得の基礎となるこ

とを述べました。つまり黙ってミルクを飲ませ、黙っておむつを替えていては人を育てているとはいえません。ソフトネグレクトや甘やかしも虐待です。

　0歳からの発達を総合的に理解してはじめて、養護的関わりや環境設定による発達保障、発達支援という乳幼児教育の概念が理解できます。逆にこの理解なくして満3歳からの学校教育など成り立ちません。それゆえ今後の施策においては、教育的な意味においても家庭支援や家庭との情報共有が大切です。

　乳幼児期の保育の基本は信頼感、それは温かいまなざし（関心）と、過度にならない期待です。愛着関係を基礎として基本的生活習慣や人間関係が形成されていきます。心（情意）から、内容（知識・技術）へと教育していく方式、つまり5領域の視点が0歳児から養護と一体化されて必要です。その中で保育者の関わり方として必要なのは、専門家として子どもに対して実感のある体験や生活実現化と対人関係への意識、感情豊かな経験の共有なのです。これらは決して突然満3歳になって行われることではなく、0歳から積み上げられた教育によって成り立つのです。

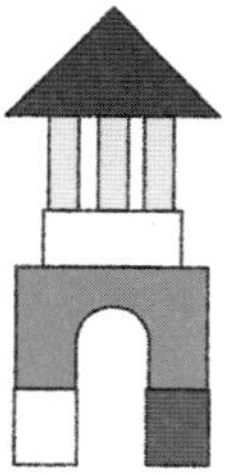

保育の専門性について

　子どもの成長の鍵は保育者との相互作用（愛着関係・指導・共感・共同・協同・援助・配慮等）によるものです。また、家庭への支援及び連携（子どもを保育の主役にできるよう支援）を常時行うことも求められています。ここでは保育士や幼稚園教諭それぞれに従来求められてきた専門性を列挙しながら、認定こども園の保育教諭の在り方も考えてみます。そこから今後の保育者（これが保育教諭になるのではないか）の基本的な専門性が見えてきます。なお、当然のことながら理事長や園長など管理職が発揮する理念構築、教育・保育の考え方、リーダーシップ等については、この項とは異なる問題です（69ページコラム⑰参照）。

従来、保育士に求められてきた専門性（＝発達保障）

○0歳からの乳幼児教育＝保育（実践・経験の質）教育と養護の一元化

○乳幼児に対する安全安心の確保と配慮

○乳幼児教育として教育的に見守ることから指導する力

○子どもの発達に関する専門的知識を基に子どもの育ちを見通し、その成長・発達を援助する技術

○子どもの経験や興味・関心を踏まえ、様々な遊びを豊かに展開していくための知識・技術

○子どもの発達過程や意欲を踏まえ、子ども自らが生活していく力を細やかに助ける生活援助の知識・技術
○保育所内外の空間や物的環境、様々な遊具や素材、自然環境や人的環境を生かし、保育の環境を構成していく技術
○子ども同士の関わりや子どもと保護者の関わりなどを見守り、その気持ちに寄り添いながら適宜必要な援助をしていく関係構築の知識・技術
○保護者等への相談・助言に関する知識・技術

次に、乳児期から満3歳未満児に対して主に保育所中心に行われてきた、いわゆる未満児保育等の専門性を2点あげたいと考えます。1点目に愛着関係と保育者について、2点目に2歳児の象徴機能について説明してみます。

1点目の愛着関係です。乳幼児期の愛着関係は、親との間に築く愛情の絆がより深いアタッチメント（愛着）を形成すると言われています。乳幼児期のアタッチメントは心と体の健康を作ります。それは自己を確立し社会性を育むことであり、自尊心と自制心そして感情の調節と調律を生みます。ですからこの章の前半で述べたように、親との健全な愛着関係の形成はもっとも大切なことと考えます。

東京大学大学院教授の遠藤利彦氏は、アタッチメントを「安全な基地」「確実な避難所」とたとえています。これを基本としたうえで、私たち保育者にとって大切な役目があります。それが親以外の養育者（alloparenting）によるアタッチメントの効果として、近年注目されています。小学校入学前の時期に特定の人とのアタッチメントが満たされていると、入学後の生活におけるリズムが整えやすいと言われています。ですから0歳から小学校入学までに、親以外の人との特定のアタッチメントを形成する仕組みが大切なのです。最近の研究では家庭と家庭外の経験の影響は50対50とされています。

全国でも1・2歳児の50％程度が保育所等に入園する時期がきます。どの園でも勤務の関係で保育時間中に同じ先生がずっと特定の子どもを担当するのは無理です。このような状態の中で、ともかく0・1・2歳児担当の先生がたくさん部屋にいればいいとなってしまいますが、たくさんの人に慣れることより、親以外の特定の人との愛着形成を満たすことが子どもの健全な育成につながります。「いつでも誰かが」よりは、徹底して「今はこの人が」ケアするという体制を築くことが有効です。この時間にはこの人とパターンを決めることで、子どもは見通しがつき安心するのです。こうしたことに保育の専門性があります。

3歳以上の集団的な教育の有効性を考えてみます。保育環境では集団的敏感性の高さが個々の子どもと保育者の関係性を良好なものにします。簡単に言うと、教諭と園児全

員の関係がうまくいっている状態、つまり集団的敏感性が成り立っているクラスは、一対一の関係でもアタッチメントがうまくいく傾向があります。たくさんの園児がいて一対一で向きあうことが難しい場面もありますが、大切なことは、園児同士のやり取りに目配りをして集団全体の関係をよくしていくことです。

先進国の中で日本は乳幼児期への財政的な投資が非常に少ないと言われています。けれども日本の子どもの多くはレベルが高い教育の下、すくすく育っています。これは、多くの幼稚園、保育所において保育関係者が当たり前の常識を失うことなく、養護や教育を補っているからだと言われています。しかし、そうした現場の常識に頼り続けることには限界があります。今後はここでとりあげたアタッチメントに限らず、科学的な目をもって園児への教育・保育を行っていく必要があります。

保育者の中に、子どもは一方の方向に発達するので（今、何かができなくても）心配いらないという論があります。これが誇張されると文字等は小学校に入るまで全く知らなくてもいいという無責任な話まで進みます。もちろん自転車や水泳のような発達に関係なく学習で得る効果もあります。保育の専門家はこうした点の見極めも大切です。現代社会の状況を踏まえ、学習への障害をつくらないようにするのは基本的なことだと考えます。

2点目の象徴機能についてです。保育所の弱さとして、特に3歳未満児保育の専門性を説明することが難しい点があげられると思います。この章の前半で述べてきたように、例えば言葉は言葉を記したカードを見せることで獲得されるのではありません。象徴機能とは簡単に言うと、今ここにないものを頭に思い描くことです。積み木やブロックによる見立て遊びは象徴機能の発達を特徴的に表します。「ごっこ遊び」もその一つで、簡単なままごとから始まり徐々に凝った遊びができるようになります。象徴機能が発達すれば文字を知りひらがなを覚えるようになりますので、文字や数概念を獲得するために欠かせない能力です。「ブーブ」という単語から「自動車」、さらに車の種類、車種名など、子ども期の特徴である一気に物事を覚える基にもなります。また、例えば「みかん」という言葉から「酸っぱい」「おいしい」などの連想ができる基にもなっています。

2歳児でよく使われる象徴機能、イメージを作る能力とはどうやってできるのか復習してみましょう。言葉の獲得との関係を発達に合わせると、新生児微笑（反射）→3か月の微笑（顔を見る）→7か月：人見知り（自他の区別）→1歳「ものもらい関係」（どうぞという体を使ったコミュニケーション）→つぶやき（体を動かし話す）（このあたりから保育者の関わり方がさらに大切となる）→言葉の分化→言葉の獲得（頭の中で考えて話す・心を使ったコミュニケーション）となります。つまり体全体で表現して言葉を獲得しつつあるものが、言語中枢の発達と他者の存在の認知により頭の中から出てくるようになるのです。たった1ℓの脳はその中にイメージとして宇宙までの空間を作ることが可能です。2〜3歳までに人は今ここにないものを頭の中で思い描くことができるようになります。例えば空箱を電車に見立てて遊ぶこと、ままごと遊びをすること、こうしたことで子どもは抽象的な思考・観念などを具体的な事物によって理解しやすい形にし、表しているのです。自由な遊びを十分に遊びこませる中でこれらは育っていくことを忘れてはなりません。

言葉とは何でできているのでしょうか。視覚（目）と聴覚（耳）の高度な感覚統合であり、言語中枢は目と耳の両者から離れているところにある。離れて情報処理をすることでイメージが作られる。環境から得た情報が言葉を作り、言葉がイメージを作ることで人の脳内世界が作られるのです。愛着関係の構築と共に保育者が仲立ちすることにより言語の獲得の基礎が培われます。

未満児保育の専門性はこのような見えにくいところにあることを明らかにしていく必要があります。

文部科学省では2002年、「幼稚園教員の資質向上―自ら学ぶ幼稚園教員のために―」において幼稚園教諭の専門性を8分野にわたって示しています。そこに少し付け加えてまとめます。

従来、幼稚園教諭に求められてきた専門性（＝教師力）
○幼児理解・総合的に指導する力
○具体的に保育を構想する力、実践力
○保護者及び地域社会との関係を構築する力
○得意分野の育成、教員集団の一員としての協働性
○小学校や保育所との連携を推進する力（最低でも園独自のアプローチ的カリキュラム作成）
○特別な教育的配慮を要する幼児に対応する力
○評価までの一連の教育に対するＰＤＣＡを活用し次の教育を編成する力
○人権に対する理解

現在の養成校を考えると多くは保育士と幼稚園教諭の資格免許をとり、それぞれの指針や要領を勉強しています。こうした資格の一元化と養成の問題については後述しますが、本格的な幼保連携型の認定こども園が出現したことにより見えてきたものがあります。私は将来的には現在4類型あるこども園を一つにして幼保連携型認定こども園を認定こども園とし、全てを「こども園」というところに終着させるべきだと思います。そして「こども園」を本格的な乳幼児期の総合的な施設として進めるべきです。保育士と幼稚園教諭の資格免許も一元化し、基本的な保育者の資格を「保育教諭」とする、そのためにそれぞれの要領や指針を一元化していくべきと考えます。保育者が保育の専門家として社会から認知されるために、こうした一元化がぜひとも必要ではないでしょうか。

「言葉を育てる」を考えたときに小学校の文字指導のスピードは意外に速く2学期には漢字も出てきます。言葉の基礎力の獲得は8歳までが大切だと言われています。児童期の自立した言葉の活用のためには幼児期の言葉の学びが基礎となります。文字が読めることの喜びを大切にして教育・保育をするように環境の準備が必要です。私は就学前に全く文字が読めなくても大丈夫という論は危ういと認識しています。周りにたくさんある刺激に超鈍感（超敏感も困るが）にならない配慮が必要です。これだけ生活の場に文字や記号があふれているのに、それに全く関心を示さないような状態にしてはいけないということです。保育者は子どもに対して単語を投げかけるのではなく、文章で話すことや発達に合わせた豊かな、より高いレベルの言葉を使って話すことが望まれます。言葉を浴びせるのではなく、意図的な働きかけで体験を言葉としていくことも必要です。

それではここまでのことを総合的に考え、今後の保育者（保育教諭）に求められる基本的な専門性を9点示します。

乳幼児への対応として

①人権に対する理解

②小学校までに育ってほしい能力の育成

③特別な教育的配慮を要する幼児に対応する力

保育実践の基礎として

④環境を通して（生活と遊びを中心として）具体的に保育を構想し、発達の最近接領域を理解し、実践する力

⑤乳幼児の発達を理解し、総合的（見守り・共感・協働者含む）に安全の確保とともに指導する力

⑥得意分野を育成し、保育者（教育）集団の一員としての協働性をもつ

園内外との連携として

⑦保護者や地域社会との関係を構築する力

⑧小学校等や他幼児教育施設との連携、接続を推進する力

保育の説明と評価として

⑨保育の説明をする研究及び技法の習得（ドキュメンテーション等。コラム⑯参照）、そして保育や園の運営（職員間の連絡、研修状況等）を評価する力

坂崎eyeコラム⑯

レッジョ・エミリアと日本式ドキュメンテーション

レッジョ·エミリア市(イタリア)の幼児教育を元とし、レッジョ·エミリア·アプローチといわれるドキュメンテーションは、保育における子どもの育ちへの教育的アプローチとして、各国の注目を集めている。ドキュメンテーションとは、子どもの学びのプロセスを保育者・子ども・保護者で共有することを目的に、写真や文章によって保育を可視化し情報発信すること。保育を多様な視点で捉え、子どものさらなる可能性を引き出す保育プログラムへと進めていく取り組みである。

ドキュメンテーションの効果
【保育者】保育の中の教育的アプローチの確認、次回のカリキュラムへの土台となるとともに、順序立てた長期計画へとつながる。子どもの育ちを教育的効果として認識し、子どもの発展の可能性を予測したり、保育者の取り組みを検討したりするもとになる。

【子ども】活動を振り返り、発見や知識、知恵のきっかけを得、ドキュメンテーションによって自分の考えに対して、保育者が関心をもってくれていることを認識することになる。

【保護者】園において我が子がどのように教育的効果を得て活動しているかの様子、意味を知ることができる。加えて保育における教育的取り組みに関する情報は、保護者の子育てへの責任感を促し、園の活動に対する理解や協力を後押しする。

保育総合研究会が会長の椛沢幸苗氏を中心として提唱する日本式ドキュメンテーションにおいては、特徴である集団保育における教育的効果を可視化し、情報発信することによって、保育者·子ども·保護者との情報共有ができ、保育に対する理解を深める効果が大きい。

(参考資料:「保育科学研究」第4巻 2013 年度)

これを段階的に日常保育と行事などの保育現場での実践と研修等で強化していき、キャリアアップにより園の経営・運営に関わり、園長などの管理職になることも考えられます。逆にこのような方々こそ管理職として子育て文化を継承してほしいと考えます。そのためには若いときこそ技術の習得に励むべきです。泳げなければライフセーバーが務まらないのと同様、保育技術がなければ保育者は務まりません。保育の基本は人が人を人として成長させていく過程そのものです。保育者としての大義を忘れてはいけません。子どものために生きるという覚悟が必要となります。しかしながら、なかなか人は大成できません。いつも苦しみ悩みながら生きる存在であると考えます。だからこそ、保育者として養護と教育の技術と人間性を高めていくことが大切なのだと感じます。

一方、若い世代には新しい技術を保育現場に持ち込むことも期待したいと思います。スマホから保育のドキュメンテーションにアクセスできるというような適切な良い仕組みが導入され、一般化が進むのかもしれません。新しい手段が家庭・地域等へ保育の説明責任を果たす力へとつながっていきます。学校評価や運営協議会の設置、推進が求められる中、保育の説明をどのようにしていくかは今後、専門家としての重要な鍵となります。さらに、認定こども園が子育て支援施設として認定されている現実を考えると、保護者支援や地域支援にも専門性をもつ必要があります。もちろん園全体という場合もあれば専門家として自立しての方式もあると思います。地域との連携及び支援（乳幼児教育の子育て支援）をする力も必要でしょう。それには地域社会との関係を構築する力や他の保育所や幼稚園等との連携を推進する力も求められます。

乳幼児期の遊び、それは学びへの保育者の援助へつながります。幼児の学びの特徴は「無自覚の学び」であり、それは保育者の教育の特徴である「自覚的な援助」と表裏になります。こうした幼児期の学びが児童期の学びにつながります。子ども（発達・感情・性格、等）を知り、協同的な学びを育むには発達についての基礎知識をもち、発達を見抜きながら学びの軌跡を踏まえ、学びの見通しをもつことが大切なのです。乳幼児から児童へ目的の具現化（目的と活動の双方向性の繰り返し）がなされ、つまりは遊びこみ（没頭）から問い（学び）へ進みます。そのためにまず心（情意）から、内容（知識・技術）へ、そして知性への信頼を育てていきます。隠れた学びから自発的な学びへ転換していきます。特に小学校一年生の前半ではアクティブ（活動的）な学びのスタイル、遊びを起点とした学びのプロセス（関心をもつ・問いを立てる）に移行します。小学校との接続については、こうした学びの変化を理解することも重要です。

坂崎eyeコラム ⑰

園長等の保育者に求められる９つの専門性

【保育実践の基礎】
①幼児を理解し、総合的に指導する力
②具体的に保育を構想し、実践する力
③得意分野を育成し、保育者集団の一員としての協働性の力をつくる
【園内外との連携】
④保護者や地域社会との関係を構築する力
⑤小学校や幼児教育施設との連携、接続を推進する力
【園の経営・運営】
⑥園長など管理職が発揮するリーダーシップ
【幼児への対応】
⑦特別な教育的配慮を要する幼児に対応する力
⑧人権に対する理解
【評価】
⑨園運営や保育を評価する力

子どもが育つのにふさわしい場は幼稚園・こども園・保育所にかかわらず人の環境によるところが大きいと考えます。ですから当然、園長のキャラクターは園の雰囲気等に影響を与えます。望まれる園長像は時代によっても多少の違いがありますが、多種類の施設が存在する現在において園長が指導者として最低限必要なことは「中長期の計画を立てて推進する」「安全安心の確保」と「保育の説明責任」の３点です。現実には分散型ミドルリーダーとしてこれらを副園長・教頭等と連携して行うべきものです。さらに、実際に保育を担当する保育者の、保育技術も含めた「保育力」（科学的根拠に基づき判断を下し実践する力）をいかに上げるのか考え、そのための学習継続システムを作ることが第一義であると考えます。

これらの前提として、園長にとって一番大切なことは何なのでしょう。それは「子どものことを考える」に尽きると思います。そのことにより家庭が見え、保育者が見え、施設が見えるのです。もちろん施設の経営や運営に関することは重要です。しかし、今後は運営評価だけではなく教育内容評価になっていくことが必須と考えます。社会的なことも含め「保育を語る」「保育を実践する」園長が必要と考えます。たとえ私立幼稚園や私立保育所等であっても、それらの社会的責任は公教育になんら変わりはありません。

マニュアルのない時代の幕開けの中で、保育をする責任はますます大きくなると思います。近い将来に「保育」を研究課題とする大学院等が出現し、修士、博士の時代が来るのかもしれません。「保育は私には分からない」などということのないように自らが勉強する時代なのだと思います。

第六楽章

今後の速やかな一元化に向けて

第六楽章では施設が給付で一体化された今、様々なことを一元化に向けて整理していくべきという提言をします。それは乳幼児施設と保育者の質の向上につながることであり、保育に対する社会的認知度を上げるという大きな意義をもちます。今後の改革の統一共通ミッションを示すことができればと考えます。

新制度が発足したにもかかわらず、改革が遅々として進まないと感じています。だからこそ、たとえ今解決できないとしても課題を明らかにして、具体的な改革の政策提言をしなければならないと考えます。世界でも珍しい3府省に乳幼児期の子どもの管轄がまたがり、施設ごとの要領や指針で育成され、同じ短大を出て資格をもっていても、教諭と保育士という社会から見たときには「似ていても非なる」仕事についています。これでは世界中が過去に経験したことのない少子高齢化の対応に間に合わないのではと危惧します。速やかな制度改善と改革を強く望みます。世代間の公平を本気で考えるときが来ました。持続可能な社会構築が強く求められています。今でも子育てへの公費の支出割合はOECDで最低クラスです。子ども・子育て支援の基本施策が国民的合意形成とともに必要です。さらに、今以上に踏み込んだ新たな次世代育成支援システムの構築、そして教育政策との連携を早急に進めなくてはなりません。

現在、施設においては量の拡充が始まり、保育士の処遇改善という質の改善を進めている段階です。質の向上となると、財源を含めてなかなか難しいと言われています。

しかし、全てを財源問題にすることはできません。制度運用面での課題も視野に入れて改革を進めることが必須の状況です。

今回の子ども・子育て支援新制度で、給付を通して施設の大きな一元化は成立していると考えられます。さらに、この方向から様々な一元化を進めていくことと、乳幼児教育を中心に乳幼児期への社会の関わり方を改革していくことが望ましい姿だと考えます。一元化は質の向上のためです。給付（お金）、カリキュラム、用語、保育者の資格（養

成、評価、研修の制度)、省庁等を一元化することで社会からの認知度が増し、保育の専門家としての道も大きく開かれます。

蛇足ですが、制度の分かりにくさ、加算等の分かりにくさ等、運用面・実用面での改善、その課題を視野に入れた現在の市町村や園の事務の手続きの簡素化は必須です。制度ではなく運用面・実用面での分かりにくさから起きる不具合は国から見ても是正していくべきです。また、平成27年度以前は保育所型も含む全ての認定こども園が直接契約的で利用者は園で申し込みや手続きができましたが、新制度では市役所等へ行く必要があり、以前より利便性が失われたように感じます。認定こども園は、2・3号であっても基本は直接契約で良いと考えます。認定する仕組みと入園する仕組みはもう一度考えてみても良いでしょう。

さて園の在り方は、当分の間は今まで同様に多様であっていいと考えています。これと並行して前章で述べた0歳児から積み上げていく乳幼児教育と小学校の接続も強化しなければならないでしょう。

給付の一体化と多様な施設

今回の子ども・子育て支援新制度において、私学助成を受けるために県の管轄に残った幼稚園などを除き、すでに給付は個人給付に一本化されています。このことの本来の意味とはなんでしょうか。施設への給付ではなく個人給付になったことは非常に大きな転換点です。施設に補助をしているのではなく、子育て家庭が負担する保育料に補助をしているのです。それは法定代理受領という形で保護者の財布を経ることなく施設に入り、見た目は変わっていないように見えますが補助の対象は利用者だという点は大事です。この給付の法定代理受領に問題を感じる人もいるかもしれませんが、「本来監査されるべき国からの施設補助」と「保護者が支払う保育料への補助」ではお金そのものの性質は全く異なるものだと考えます。確かに加算などの改善、事務の手続きや保育料徴収については検討が必要だと思われます。しかし、今の公定価格の考え方はこれからも子ども・子育て会議で決められた積み上げ方式をベースにして、利用者や地域の実情に最大限沿った運用を目指すべきでしょう。

現行の保育制度に対して、地域の実情に合わせて施設のタイプを選択する仕組み、つまり現行の多様な施設を活かす形で様々なものの一元化が可能です。

次回の制度の見直しについて考えてみましょう。今回の改革が幼保それぞれの高い基準をベースにして作成されたところから、次回のそれは間違いなく「中長期の社会的ニーズに応える制度設計」であるべきです。けれども同時に現行運用中の制度をどう改善していき、待機児童や少子化に対応していくのかも必須の対策です。現在の問題に対処しつつ、将来への布石を打つことが今はとても大切なのです。その布石とは、今後の乳幼児期の教育と制度をどうするかです。そして、これは制度と保育者の資格を含むカリキュラムの両面から考えなくてはなりません。まずは制度の検討をしていきます。

現在の状況

・個人給付費と法定代理受領であり、多種多様の施設が存在する（私立保育所のみは個人給付と法定代理受領をベースにして施設に委託費として給付している）。
・給付の面から見れば私学助成1種類／施設型給付6種類／地域型保育給付4種類、計11種類であり、地域型保育給付はさらに細かく分かれている。
・設置者は公立・私立の別、保育所等では株式会社立も増加している。
・主な施設は
新制度以前：幼稚園約1万3000か所／保育所約2万3000か所、保護者就労で分けた2施設。
新制度以後：平成28年度には認定こども園が4000か所を超え、3元化の様相を呈している。
・園児20人以下を対象とした地域型保育給付により無認可施設の認可化、株式会社経営の保育所が増加している。
さらに企業主導型保育事業という無認可施設への助成、東京の認証保育所など自治体独自の保育施設もある。
・待機児童が多い地域では無認可保育施設が現在も多数存在している。

これからの保育の発展のために、保育への公的資金の拡大、管轄の一元化、養成の一元化を目指すべきですが、園の種類や運営は多様であっていいと考えます。今後、緩やかに私学助成の廃止をするなど統合・整理しつつ、現制度「給付の一体化」をそのままで、制度を再構築したら良いのではないかと考えます。

つまり給付は一体化されたのですから現行のまま、保育所／幼稚園／認定こども園／その他の事業を地域の実情に合わせて選択します。ただし、どの施設であっても質の高い乳幼児教育が保障されるよう、カリキュラムや保育者の資格などを統一することにより制度の一本化を図ると考えるのです。その際、例えば5歳児等の教育費無償化が検討される場合には、保育所も学校ではないが学校教育を担う施設として他と同様の扱いとするかどうかなどが次の焦点になると考えます。

制度の一元化を保護者側（行政側）と施設・事業者側から考えたものを74～75ページに図にしました。

今後の整理すべき課題もあげて考えてみます。法定代理受領による施設型給付に一本化しながら中期的に整理していったらどうでしょうか。認定こども園であれば、幼稚園型認定こども園は現在でも児童福祉に位置付けられていないまま2・3号部分に給付されています。保育所型認定こども園の場合はその逆で学校に位置付けられないまま1号部分が成り立っています。地方裁量型の認定こども園のこともありますが、将来的にはこのような細かな区別は排し、幼保連携型、幼稚園型、保育所型全て認定こども園へ、そしてこども園へと進んでいけたらと考えます。分園と小規模保育事業、小規模保育事業と家庭的保育事業等の関係整理もあります。もちろん私学助成との関係の整理の必要があり、現行よりも公定価格で補えない部分の補助もあり得ると思います。また、地域型保育給付を全部保育所の事業として位置付けて、保育所は施設と事業で分類という形もあると考えます。いずれにしても今後の課題として無認可の保育事業に公費を拠出している企業主導型についても整理が必要です。また、保育教諭を呼称のみではなく、養成校を出たときに保育士と幼稚園教諭、つまりは児童福祉と学校教育をきちんと修学した資格とすることを最低限とすべきです。

望まれる施設の中期的整理と資格統一の案

☆施設型給付（市区町村管轄）
・幼稚園（幼稚園教諭→保育教諭）
・「幼稚園型」「保育所型」「幼保連携型」認定こども園→こども園（保育教諭）
・保育所（保育士→保育教諭）

☆地域型保育給付（市区町村管轄）
・地域型保育事業：家庭的保育・小規模保育・事業所内保育・居宅訪問型保育→分園・小規模保育（家庭的保育含む）・企業主導型保育・ベビーシッター（保育士等→保育教諭等）
もしくは最後の保育所の部分を
・保育所等（保育士等→保育教諭等）地域型保育事業を含む

認定について

〈保護者側から見た場合〉

あなたの認定区分は？　利用できる施設は？

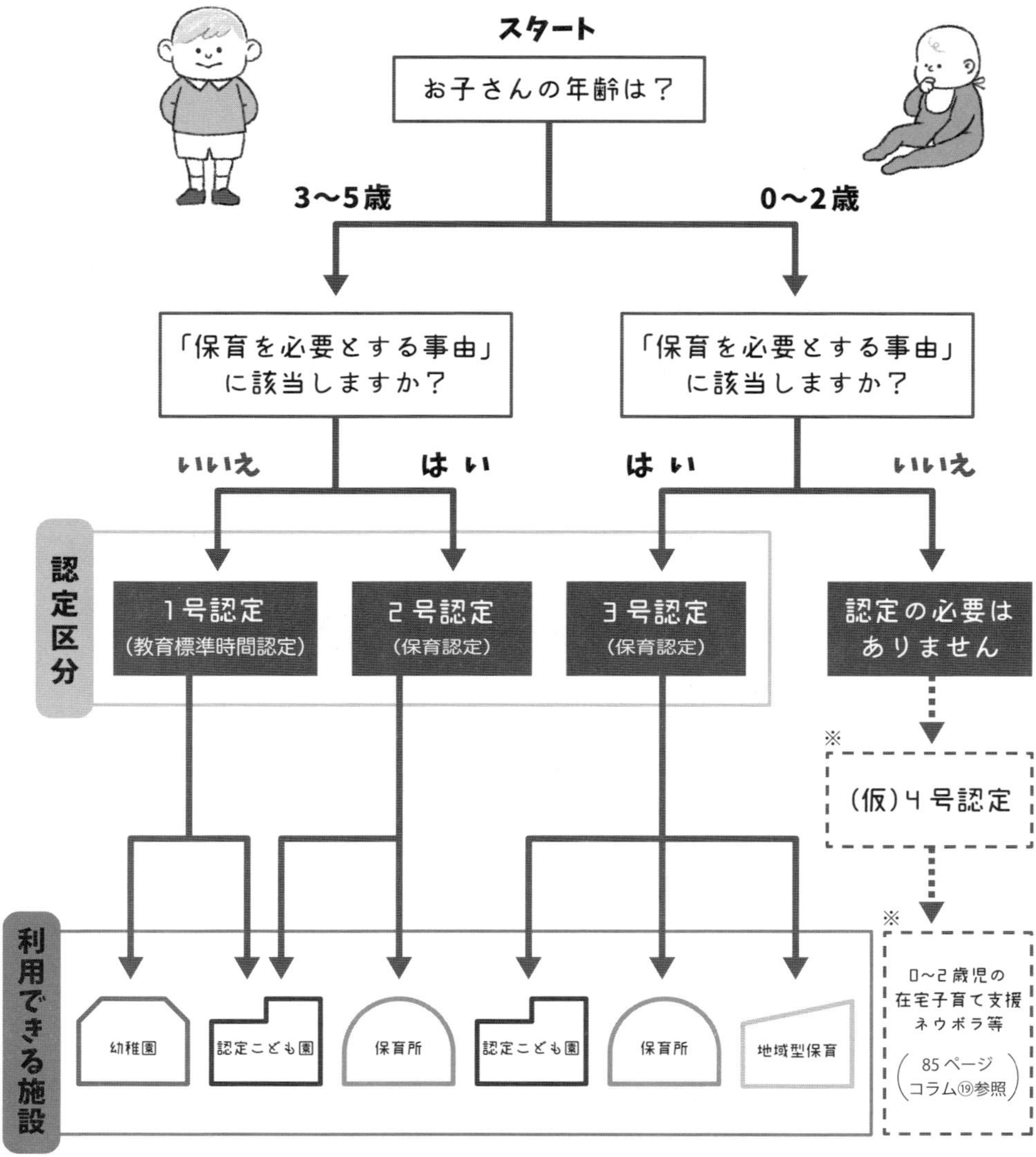

参考資料：子ども・子育て支援新制度なるほどBOOK　平成28年4月改訂版（内閣府・文部科学省・厚生労働省）
※部分は著者提案。現行制度にはありません。

〈事業者側から見た場合〉

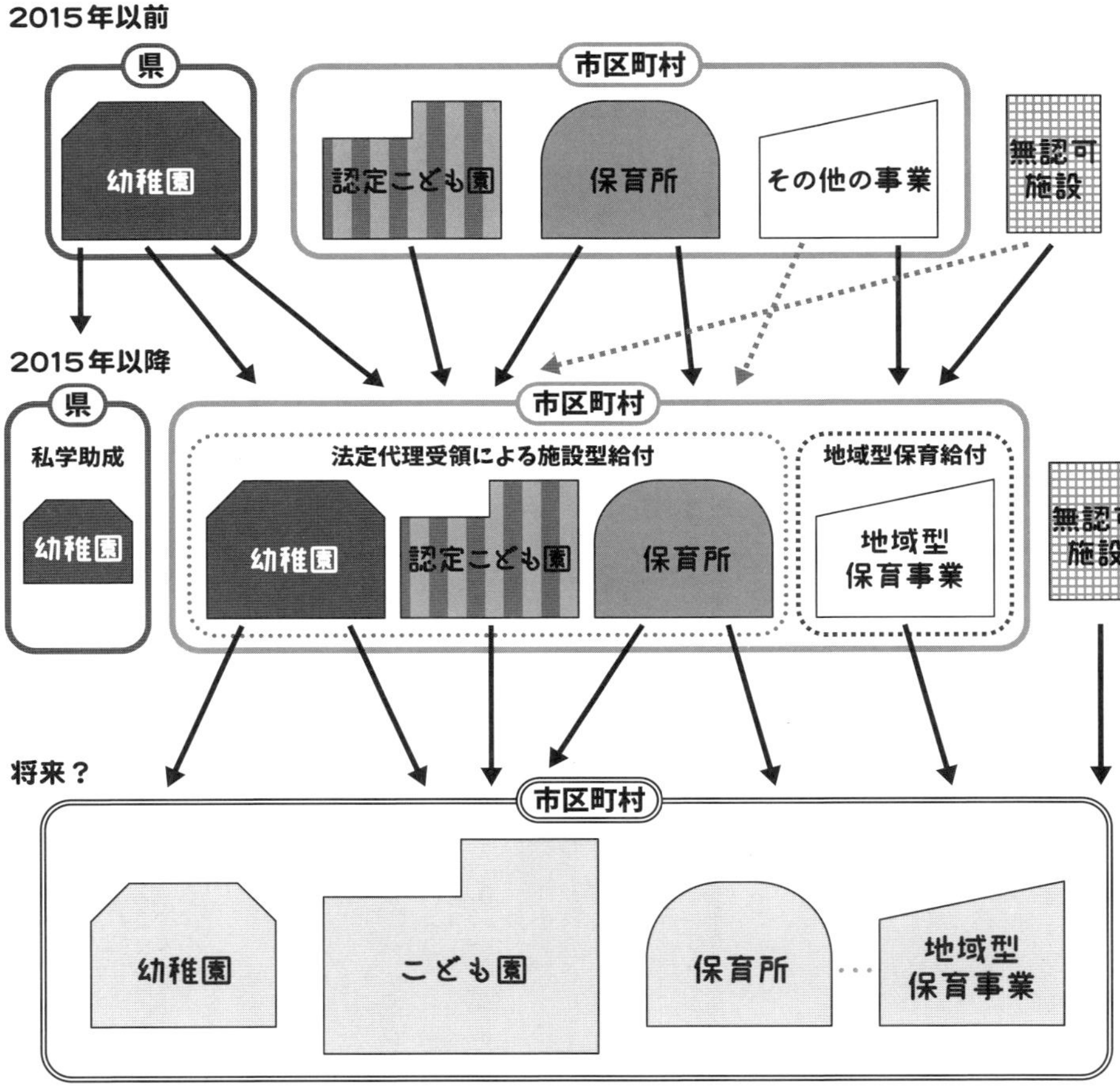

国の管轄と予算

2015 年以前　幼稚園：文部科学省
認定こども園幼稚園部分：文部科学省 ――（予算：文部科学省）
認定こども園保育所部分：厚生労働省
保育所：厚生労働省 ――（予算：厚生労働省）

2015 年以降　私学助成の幼稚園：文部科学省 ――（予算：文部科学省）
幼稚園：文部科学省
認定こども園：内閣府
保育所：厚生労働省
地域型保育事業 ――（予算：内閣府）

将来？　全て統一省庁で管理？

ここで幼児教育の無償化について少し詳しくふれたいと思います。こうした制度一元化の流れで学校制度と福祉制度に施設が分かれたままでは、無償化対象の施設の位置付けがどうしても不安定と感じるからです。２０１６年８月現在、幼児教育振興法案は国会に提出されていますが、この第17条で次のように説明されています。

（無償化の推進）
第十七条　国及び地方公共団体は、幼児教育施設における幼児教育に係る経済的負担を軽減し、幼児教育の機会均等を図るため、幼児教育施設における幼児教育を無償とすることに向けた措置を、これに要する財源を確保しつつ段階的に推進するものとする。

この幼児教育施設とは幼稚園・保育所や認定こども園を指しています。５歳児の教育無償化は現在でも第３子に対する補助がありますが、この法案が通ることによって進められていく根拠が強くなります。幼児教育の無償化の利点は例えば5歳児の無償化であれば、就学前の1年はどの子も教育を受けることができ、その教育に関わる経費が無償になるというものです。ある意味では就学前1年の施設による教育の義務化となります。懸念される点は、学校教育に位置付けられている施設と位置付けられていない施設があることです。だからこそ、国レベルでのカリキュラムの統一が必要で、5歳児ではどの施設でも同じカリキュラムに基づいた保育を受けることができるという方向に進めていく必要があるのではないでしょうか。

これらを提言する背景には、20～50歳代の女性の就労率が7割を超える中で、就労・非就労での分け方には限界があることがあげられます。保護者が就労していて保育所にいる幼児は5歳児の45％を占めます。学校教育に位置付けられていなくても、当然5歳児からの小学校への接続・連携は十分に図られるべきです。この現実に目を背けていては始まりません。幼小の接続連携の強化とともに、最低でも5歳児カリキュラム（これにアプローチ的カリキュラムを含むことも可能）の作成が法案通過と共に必要になると考えます。現在改訂・改定が進む幼稚園・認定こども園の要領や保育所保育指針において、5歳児については同等の教育をしているという記述を入れることで、形式上変わらないのかもしれません。しかし、それでは社会に対して十分な説明ができているとは思えません。

カリキュラム（要領及び指針）の統合

このように制度の一元化に続いて行うべき最も大切なことがカリキュラム統合です。つまり施設の形にかかわらず同じカリキュラムをベースとして保育を行うということです。現在、乳幼児教育のカリキュラムは幼稚園教育要領、認定こども園教育・保育要領、保育所保育指針の3つがあります。つまり、内容の整合性と施設ごとの看板の多層性という形で幼稚園、認定こども園、保育所のそれぞれに別のカリキュラムが存在するということです。実際には新幼稚園教育要領、新保育所保育指針は平成29年3月に告示される予定であり、すぐに一本化というわけにはいきませんし、平成20年の改訂・改定をベースに考えた場合、今回のそれぞれの改訂・改定の意義はよく分かります。また、教育要領と保育指針の整合性を進め、各施設の意図を考えている点の大切さも理解できます。さらに、これによって現在の幼保連携型認定こども園教育・保育要領も同時期に改訂される予定です。

しかし、今回の改訂・改定後には指針と要領を一本化する検討をすぐに始めるべきだと考えます。幼稚園教育要領、保育所保育指針の歴史や関係性を述べるのは割愛しますが、環境を前提とした5領域のねらいと内容の統一は、現在の幼保連携型認定こども園教育・保育要領において相当整合性が図られていると考えます。乳幼児期が大切だという認識の下、全ての子どもを対象にするのであれば、カリキュラムの統合、内容の統一とともに施設ごとの看板の統一は当然のことです。対外的に見ても乳幼児教育の普遍性と重要性を示す最大の要因になります。

日本の子どものための統一されたナショナルカリキュラム、「(仮)保育(乳幼児期教育)要領」を作成すべきです。

様々な施設が存在する中にあって前述した保育という用語の統一性(乳幼児教育=保育であるという概念の確立)、また、今後の乳幼児教育の重要性(認定こども園の増大に伴い満3歳で分断しない0歳からの乳幼児教育)、そして小学校と幼稚園・認定こども園・保育所等との接続・連携を考えても、指針や要領を超えた全施設・全事業に対する大綱化された、例えば「(仮)保育要領」のようなものを作成することが望ましいのではないでしょうか。これとともに施設ごとの解説書を作成し、細かなことはそちらに記載することで現行の指針や要領を活かしていけると考えます。また、大綱化された要領をベースに各園の個性を積み上げるべきでしょう。長い間、保護者の就労の有無によって分けられていた施設ごとの乳幼児期の要領や指針を超えて、一本化された乳幼児期のカリキュラムによる育成が今後望ましいと考えます。さらに言えば2018年度からの小学校へ提出する要録の変更において、幼児期の終わりまでに育ってほしい具体的な10の姿(39ページ参照)が示されている現在、全ての子どものために統一されたカリキュラムがあるべきなのは当然です。

それでは、再度用語の共通化や統一、保育士資格の見直しとその専門家としての独自性の発信、さらに今後大きな課題になる保育者の研修保障についてもこの章では触れたいと思います。先に用語の統一を「子育ての支援」も含めて考えましょう。

用語の共通化そして統一

保育と教育の用語については第二楽章で説明しましたが、再度、認定こども園に関する法律を見ながら考えます。

子ども・子育て支援法第7条2項では「教育」とは満3歳以上の小学校就学前の子どもに対して、義務教育及びその後の教育の基礎を培うものとして教育基本法第6条1項に規定する法律に定める学校において行われる教育をいう、とされています。

これに基づき認定こども園において満3歳以上の「教育・保育」の教育は学校教育を指しており、それ以外を保育と呼んでいます。満3歳未満児は全て保育と呼ばれ、幼稚園や保育所と異なる用語の使われ方をしています（17ページ参照）。さらに認定こども園では子育て支援を「子育ての支援」として表記しており、一般の子育て支援とは異なる表現がされています。認定こども園における「教育・保育」の「・」は子育ての支援を含んでいると解説され、子育ての支援は主幹保育教諭がこの担当となっています。認定こども園が4000か所を超え、一気に子育て支援施設が増えたことになります。この部分が有効に進めば、現行の子育て支援拠点事業に加え飛躍的に子育て支援が充実することとなります。「(仮) 4号（家庭で養育されている3歳未満の子ども。74ページ参照）」への支援に加え、在園している子どもの保護者への支援の幅が広がると考えられます。

つまり、現行の認定こども園を用語の内容を整理して説明すると、「教育・保育」は学校教育＋主に保護者の子育て支援＋（児童）福祉であると考えられます。幼児教育を担う施設として幼稚園、認定こども園、保育所を挙げるのであれば、早い時期の改訂等で一致させることが必要です。用語の統一のためには、養護・教育・保育の表す意味の整理等、課題はたくさんあります。0歳児から積み上げられていく乳幼児教育の確立は保育所界及び保育界にとっては必須です。無償化の議論の中で、この点がおろそかにされてはならないと考えます。0歳児から積み上げられていく乳幼児教育があって初めて満3歳以上の学校教育が成り立つという認識が必要です。小学校と幼稚園・認定こども園・保育所等との接続・連携も学校教育の接続だけを考えるのは問題です。少子化だからこそ、一人一人の0歳からのラーニングストーリーに目を向けた幼小接続が理想です。法律的整理が必要なのであくまでも案ですが、乳幼児教育を保育に用語統一し、施設や事業等で行うことを保育としてはどうでしょうか。日本の場合、Early Childhood Education and Care＝保育として、保育の中に養護も広義の乳幼児教育も学校教育も含まれるとすれば、施設及び事業から見た場合、次のような考え方で進められないでしょうか。

幼稚園　1号対象（学校）
保育→養護を前提とした学校教育（教育の一貫）

こども園　1・2・3号対象
満3歳以上（学校）の保育→養護を前提とした学校教育を含む教育（教育の一貫）
満3歳未満の保育→養護と教育の一体化

保育所　2・3号対象
保育→養護と教育の一体化（課題は5歳児就学前の位置付け）

地域型保育事業　主に3号対象
保育→養護と教育の一体化
（但し、過疎地等で2号も含まれる場合の課題は5歳児就学前の位置付け）

保育者の資格の統一と養成・研修・評価

0歳児から積み上げられていく乳幼児教育の確立、養護・教育・保育の用語の統一や整理、無償化等を考えた保育所などの満3歳以上の学校教育の整理、小学校と幼稚園・認定こども園・保育所等との接続・連携の在り方、カリキュラムの統合による対外的に発信される普遍性と重要性を述べてきました。ここでは養成や研修及び評価についても述べたいと思います。

保育者の養成・研修・評価の統一は乳幼児教育の普遍性を考えるとき、保育者資格の見直し、高度化とともに必須と考えます。例えば現在、認定こども園の「保育教諭」は呼称です。幼稚園教諭と保育士の資格を持っていても幼稚園や保育所の職員は「保育教諭」ではありません。では、保育教諭とは何か、何をするのか、幼稚園教諭や保育士と何が違うのか、それらを考えることで今後の保育者像が見えてきます。そして保育の専門家としての「保育教諭」を最低限資格化する必要があります。

現在、福祉系資格を有する者に対する保育士養成課程及び保育士試験科目の一部免除の検討がなされています。保育士資格取得ばかりでなく、多岐にわたる子育て環境を考えると、例えば子育て支援拠点事業の従事者や支援員として社会福祉士の登用等は十分に考えられます。一方、保育士資格と幼稚園教諭の免許との関係、いわゆる福祉と教育の関係、さらには「保育教諭」養成も視野に入れた検討が必要な時期に来ています。保育の専門性を考えながら、さらに保育士等の資格の見直しを考えてみます。

【養成について】

基本的には幼稚園教諭免許と保育士資格とをもった「保育教諭」の育成が今後の保育（乳幼児の養護と教育）の柱になっていくと考えていますが、まずは現状をもとに考えます。保育士資格に限定しますが、養成の高度化は絶対に必要です。他の福祉職の高度化から取り残されないためには養成年数の多様性（3年制・4年制・大学院）はもちろん、国家試験の導入は必須と考えます。この意味では保育士資格の見直し、いわゆる階層化は当然のことと考えます。

岡崎女子大学教授矢藤誠慈郎氏は養成に関しては、資格の階層化の制度化とともに例えば全国保育士養成協議会が4年制課程を、より高度な専門性をもちカリキュラムを編成する専門性をもった「専門保育士」の課程として認定する、院卒を「○○専門保育士」（特別支援、乳児保育、子育て支援等々）の養成課程として認定する、といったことが考えられるとしています。厚生労働省ではキャリアアップの仕組みを導入する園に助成をすることが決まっていますが、そうした自主的な取り組みの促進も含め、制度化の必要性を目指したいとの意見があります。さらに矢藤氏は保育教諭に資格免許を統合することを論じています。学歴を主幹保育教諭等の要件とし、養成期間、資格、処遇をセットで動かすことが必要だと述べています。

現行では保育教諭の立ち位置はかなり不明です。「保育教諭」を資格化し、保育教諭養成に向けた養成課程や研修内容等の検討は早急に行うべきです。現行の保育士に対しても保育の独自性の発信・保育専門職など新しい時代の保育者としての期待は大きいと思います。一方、先行き不透明だからこそさらに高度な専門職としての保育者の必要性もあります。教育と福祉、二つの知見を兼ね備えている専門家「保育教諭」への期待は大きくなりつつあります。保育教諭養成課程のカリキュラムはこれからの検討課題ですが、それを検討することにより教諭や保育士の専門性の議論も進み、望まれる保育者像も明らかになることでしょう。乳幼児期の学校教育と児童福祉（＊4）を一元化したものを本来の施設における保育とすれば、おのずと資格も見えてきます。より高度な実践力、研究力をもった人材育成を図らなくてはならないわけですから「保育」の専門家＝「保育教諭」と定義し、その育成を図ることの重要性はご理解いただけると思います。

＊4　児童福祉と記していますが、従来の福祉的な要素よりは子ども家庭支援的な要素が強く、一般的なものと考えています。

一方、保育士と介護資格を一体的にという考え方もないわけではありませんが、乳幼児に関する専門知識と高齢者に関する専門知識は別のものです。資格の同時取得はあっても資格の統一には無理があるように思います。その分岐点をどうするかは今後の課題です。

少し気になるのは実習生への対応です。特に短大等の養成校では時間の少なさと多岐にわたる授業内容により、学生、教員とも多忙を極めています。しかし、学生時代に経験する実習はたいへん重要です。「保育現場は大変」というイメージや「このくらいはできて当然」といった園の実習生に対する過度な期待ではなく、「子どもとは何か」「指導者とは何か」「乳幼児教育施設とは何か」「この時代だからこそ子どもも時代に何をするのか」という専門性を育てる前向きで希望に満ちた実習にしていくことが必要ではないでしょうか。現場と養成校の接続や連携こそ、今を変える大きなポイントです。保育現場の楽しさや嬉しさは格別です。多くの子どもと保護者とどれだけ素敵で貴重な時間を共有することができたか、その感謝をここでは書ききれません。ですから、実習とは、そうした楽しさや嬉しさを少しでも学生の皆さんに伝える場でありたいと思います。また、保育者養成と1年目の職場とのギャップを埋め、何よりも保育者のアイデンティティを確立していく初任者研修の在り方も確立されなければなりません。

【研修について】

研修の保障が第一義です。幼稚園では初任者研修をはじめ研修体系がきちんとなされています。しかし、他ではまだまだ園や個人に任せられています（公立幼稚園教諭いわゆる教育公務員は教育基本法第９条や教育公務員特例法の第21条、第22条で規定されているが、保育所は研修の仕組みは規定されていない）。東京大学大学院教授の秋田喜代美氏は保育者を次のような段階に分けています。

段階１／実習生・新任　段階２／初任　段階３／洗練　段階４／複雑な経験対処　段階５／指導

こうした段階を経てキャリアアップしていく研修及び学び続ける環境と労働改善が必要だと感じます。保育教諭であれば地方公務員に準ずる研修義務（10年研修・指定校研究制度・公開保育・保育と記録）を期待したいと思います。保育者の個人研修カルテの設置、園内研修の推進と可視化、公開保育の充実、アクションリサーチ、研修システム作りなどを整備することで学び続ける組織体になっていく必要があります。

このように法人や保育団体等の組織、制度として保育者の研修保障がされていくべきですが、少し現実に沿って考えていきましょう。幼児期の学校教育や保育への理解を向上させるためには、設置者・園長・養成校教員等の教育観・子ども観や教師・保育士に求められる専門性をさらに検討しながら進めていかなければなりません。次のことは養成にも関わりますが、現状の幼稚園や保育所が認定こども園化しなくても必要なことです。

・教育と児童福祉の関係にみる教員養成と研修システムの再構築
・保育所・幼稚園・小学校等の合同研修システムの構築
・地域における幼稚園等と養成校の協働関係の構築

なお、2016（平成28）年度子ども・子育て支援推進委託調査研究事業として「保育士のキャリアパスに係る研修体系等の構築に関する調査研究事業」が行われました。

事業の背景・目的として「ニッポン一億総活躍プラン」（平成28年6月2日閣議決定）や「保育所保育指針の改定に関する中間とりまとめ」（平成28年8月2日）などを踏まえ、保育士が職務内容に応じた専門性の向上に目標をもって取り組めるよう、保育士のキャリアアップにつながる研修体系や研修システムの構築について検討するとされています。

この事業に基づき研究協力者会議が設けられ、中間的なとりまとめが「保育士養成課程等検討会」で報告されました。なお、今後、研修システムの検討がなされ、2016年内に最終的なとりまとめが行われる予定となっています。

【評価について】

保育所には学校評価がなく自己評価のみですが、幼稚園を考えてもまだ評価における課題があります。幼稚園・教師等が自ら行う学校評価・教育評価への支援（教育評価システム構築への支援）、幼稚園における学校評価者支援システムの構築（学校関係者・第三者評価における評価者の育成と地域における幼児期の学校教育理解の推進）は今後の課題です。

認定こども園が増えた現在、日本の幼稚園・保育所の歴史的、制度的、実践的な有様を踏まえた評価の在り方が検証されなければなりません。子どもの幸せに向けた責任ある教育の推進・充実のためには子ども一人一人の発達保障、園の力、保育者の力などの向上、幼児教育理解の推進は当然のことになります。これらを念頭に置いて幼児教育の質の評価対象等を整理してみます。

《教育・保育の各種制度》
・財政支援、無償化など　・所管　・各施設の在り方　等
《施設等の質》
・施設に係る評価　・外形的基準　・保護者の満足度　等

《教職員の質》
・教員評価（人事評価）・教員の研修状況　等
《子どもの発達》
・発達の評価　等
《カリキュラムの実施状況》
・カリキュラムの枠組み　・カリキュラムの評価　等

私は、保育者は支援者としてのマインドが少ないと感じています。学び続ける保育者、そしてその保育者のキャリアパスの必要性は言うまでもありませんが、いわゆる資格の蓄積や業務内容（例えば認定こども園であれば教頭・主幹保育教諭・指導保育教諭等多数の役職を置くことができる）を処遇につなげていくべきです。これらの積み重ねが日本での保育者の地位向上を図る要因になっていくと思われます。

子どものための省庁の一元化と財源問題

日本の場合は認定こども園を一元化した施設とし、給付も一元化し、それを内閣府に置きました。ある意味画期的なことです。しかしその結果、日本の乳幼児施設は現在3府省にまたがって管轄されることになりました（75ページ参照）。今日的課題の中で最も難しいのはこの省庁の一元

坂崎eyeコラム⑱

現状の問題点❹　処遇改善

保育士等の処遇改善は、元々措置費の単価の作り方が最低基準ですから、法人職員の給与も最低基準に合わせるしかなく低くなったと考えます。さらに、園児数によってその年の予算が決まるので、前年より園児数が減れば給与を上げることはできませんし、職員数の維持まで難しくなることもあります。企業ならば赤字であれば給与減、人員整理も当然なのかもしれませんが、それでは保育に従事する人がいなくなってしまいます。この数年間、国民の後押しもあって、処遇改善やベアの支給によって一時金も含め確かに給与は改善されています。しかし、公定価格をさらに高めにし、キャリアアップ等も考慮しなければ、今後の保育士等の処遇の改善を安定的に進めることはできません。幸い厚生労働省にて新たなキャリアアップの仕組みや研修が質向上の観点から示されることになりました。待機児童を生む大きな要因には保育士不足があるのも確かです。処遇改善を着々と進めていくことと共に将来も退職手当共済制度を維持し、現状よりも進めていくことは当然必要です。

化です。予算を一本化していることから考えれば内閣府へ、教育的な側面を考えれば文部科学省へ、全ての子どもや家庭を考えれば厚生労働省となります。スウェーデンでは、もとは2つに分かれていたものを先に福祉省に統一し、10年後に教育省に移行して決着しました。将来の一元化は日本社会の少子化対策の重要な事項の一つです。様々な問題を整理し、管轄は以前提案された「子ども家庭省創設」という新設案も含め、今後の望ましい姿の検討が必要と考えます。

特に世代間の公平を考えたときに、一つの省庁で予算の獲得から全体の施策までを考える必要性が増します。乳幼児期担当部門が、妊娠期からの福祉・病理的な側面から今後ますます重要視される教育まで俯瞰する必要があり、基本的には白紙から新たな子どもと家庭、保育政策を描くことができる省庁の一元化を望みます。今後も子どものための財源は大きな課題です。現在年間7千億円が確保されているとは言え、それ以降の1兆円強まで確保する道は未定です。さらに教育無償化も財源は確保されていません。今回の子ども・子育て支援新制度は消費税を財源にしましたが、今後はそれも含め恒久財源を確保するために、世代間の公平や子育てへの国民的な合意を形成しながら、再度新たな次世代の制度設計をしなくてはなりません。どれも容易ではありませんが、保護者及び地域、自治体、園のいずれにとっても利用しやすく簡易な仕組みをと考えるべきでしょう。

この章の最後に、これらの一元化の向こう側にはどんなものが必要かということをあげておきます。家庭支援と乳幼児施設の関係、出産前からの支援、父親も含め家庭全体の支援、家庭教育との連携を進めることなど、施設の専門性を外部に対して発揮していくことが必要で、そのためにそれらはどんなものなのか論じなくてはなりません。どんな乳幼児施設が必要か、例えばどの子も通え、どの地域の子も同じレベルの保育・教育を受けられ、家庭と小学校以降の教育を結ぶ保育・教育を提供する施設となるなど、白紙からの検討も含めて論議を有識者で進めてもらえればと思います。今回は園内の組織論は割愛しましたが、仕事の分業制の必要もあります。保護者・地域との連携構築、特別な支援を必要とする子への対応、小学校との接続等の現代的課題などに加え根底には子どもの理解、状況に応じた指導・保育を構想し実践する力を深化する必要があり、これらを組織的にそろえていけたらと思います。看護師、栄養士、事務のスペシャリストなど、他の専門家との協働、保護者との協働、地域との協働が今後大切になります。

坂崎eyeコラム⑲

フィンランドの子育て支援 ネウボラ

男女共同参画の先進国で女性のほとんどがフルタイムで働くフィンランド。フィンランドの合計特殊出生率は約 1.8 の水準を保っています。社会全体が子どもの誕生を歓迎し、切れ目のない、包み込むような子育て支援を行っている結果でもあります。フィンランドの子育て支援の例として「ネウボラ」を紹介します。

ネウボラ（neuvola）はアドバイス（neuvo）の場という意味で、妊娠期から就学前までの子どもの健やかな成長・発達の支援はもちろん、母親、父親、きょうだい、家族全体の心身の健康サポートも目的としています。フィンランドでは妊娠の予兆がある時点でまずネウボラへ健診に行きます。どの自治体にもあり、健診は無料、全国でネウボラの数は 850 です。妊娠期間中は 6 ～ 11 回、出産後も子どもが小学校に入学するまで定期的に通い、保健師や助産師といったプロからアドバイスをもらいます。健診では母子の医療的なチェックだけでなく、個別に出産や育児、家庭に関する様々なことを相談でき、1 回の面談は 30 分から 1 時間かけて、丁寧に行います。また、担当制になっていて、基本的には同じ担当者（通称「ネウボラおばさん」）が継続的にサポートをするので、お互いに信頼関係が築きやすく、問題の早期発見、予防、早期支援につながっています。医療機関の窓口の役割もあり、出産入院のための病院指定、医療機関や専門家の紹介もしてくれます。

また、利用者のデータは 50 年間保存されるため、過去の履歴から親支援に役立てたり、医療機関との連携に活用したりし、効率的に子どもとその家族を支援します。最近では親の精神的支援、父親の育児推進がネウボラの重要な役割となっています。また、児童の虐待や夫婦間 DV の予防的支援の役割も担います。現在、ネウボラ日本版の導入が、三重県の名張市や千葉県浦安市など、全国の市町村で始まっています。また、厚生労働省もフィンランドをモデルにした妊娠、出産、子育ての包括的支援拠点づくりを各自治体に奨励しています。

（引用：フィンランド大使館ＨＰ）

第七楽章

貧困の国からの脱却
子ども・子育て関連3法とその先にあるもの

第七楽章では乳幼児教育の課題と改めて子ども・子育て関連3法、平和な国日本が抱えている貧困問題等をまとめ、記します。

最初に乳幼児教育の課題をまとめたいと思います。

●教育の質的向上

幼稚園教育要領等の改訂、学校評価の推進、小学校教育との交流活動の推進（連携及び接続）等は対応が進んでいますが、「幼児教育への根本的考察と基本的真理の把握」からの思索と実施の一致や、「全ての子どもに質の高い幼児教育」を提供するための指導体制の強化、学校評価の一層の推進、評価システムの構築、幼小連携・接続等の一層の推進はこれからの課題です。

●教育・保育の総合的提供を一層促進することへの対応（教育・保育の用語は統一する。ここでの意味は現行通り）

認定こども園の設置促進、教育・保育の質的向上（教育の質的向上に保育を含める）の対応はとられていますが、保育所・幼稚園・認定こども園の独自性と実践等の向上はまだまだと考えます。

●地域の子ども・子育ての支援の充実

「幼稚園の目的の達成に資するため」として幼児期の子育て支援は図られつつあります。こども園は子育て支援が義務化されています。しかし、本来その機能を持ち合わせている保育所、幼稚園、養成校の役割の検討が必要です。さらに園・養成校が寄り添う教育コミュニティの形成（連携・協働体制の構築）等は地域貢献も含めて大きな課題です。

●自ら学び続ける教員の支援システムの構築

様々な研修システム・体制の構築及び研修の実施がなされていますが、養成・採用・研修の一体的推進（園・養成校の協働体制の構築）、養成校の養成力・研修力の一層の向上等は課題だと考えます。

再度、保幼小接続連携の重要性

乳幼児期への教育、つまりは0歳児から積み上げられていく保育の中で、今後保幼小の接続は大きなキーポイントです。今回の幼稚園教育要領改訂等でもっとも重要となったのは間違いなく保幼小接続連携だと考えます。ここに幼児教育振興法案も含めて考えてみましょう。

幼児教育振興法案は、450万人の署名に押されて2016（平成28）年の国会に提出され、審議未了で現時点では継続審議となっています。同法案では教育基本法にうたわれている「幼児教育のあり方と重要性」にさらに踏み込んでいます。国および自治体による幼児教育振興基本方針の策定であり、教職員の人材確保と待遇改善が前提にあります。喫緊の問題として幼児教育無償化の実現と5歳児義務化の検討があります。

この基本方針策定により、子ども・子育て会議のような機関を国と地域につくって議論することになると予想されます。幼児教育センターを各地に置くことも焦点になると思われます。幼児教育振興法案では問題がなくても、個々の議論では待機児童対策と幼児教育充実どちらを優先するかは大きな論点ですが、これらを超えて大きな財源を乳幼児期に入れていく仕組みを作ることが必要です。同法案の中では経営者の判断に委ねるという記述があり、学校法人や社会福祉法人等の教育に対する自由性も認められています。教職員の待遇改善は保育士と同様であり、現行の幼児教育を担う施設（幼稚園、保育所、認定こども園）で5歳児義務化を受け入れることで小学校入学年齢引き下げの阻止にもつながっていると思われます。

子ども・子育て支援新制度による財政の仕組みと幼児教育無償化は相いれないという考えがありますが、幼児教育振興法が成立して、これらも含んだ次への仕組みの作成が今後の鍵だと考えます。「全ての子どもに良質な教育と保育を」と考えることがとても重要だと思うからです。

幼小接続連携に関して、再度文部科学省の文章を引用します。

幼児教育の改善・充実を図る中で、小学校教育との接続を一層強化していくことが重要である。幼児教育と小学校教育の円滑な接続を支援するため、幼児と児童の交流の推進、指導資料・教材等の開発、幼稚園と小学校の教員の人事交流や教員・行政担当者の研修をはじめとした教員等の資質能力の向上、教育委員会等における幼児教育の推進体制の充実などの条件整備が求められる。（中央教育審議会2015（平成27）年8月26日報告「教育課程企画特別部会　論点整理」より）

ここに記述されていることは今後の課題でもあります。特に記さなければならないのは、これらを推進するために0歳から積み上げていく全体的な乳幼児教育像を小学校側に理解してもらうことが最も大切だという点です。自治体や地域、また学校施設間では相当に進んでいるところもあります。一方まだまだのところもあると考えれば、前掲した文章を文部科学省として強く推し進めていくことが望まれます。アプローチ的カリキュラムやスタート・カリキュラムといった互いの接続もありますが、小学校1年生の学習指導要領について幼稚園・保育所・認定こども園側が指導を受け、小学校教育の考えを学ぶ必要性もあると考えます。また、乳幼児期に何を主眼に育てていて、どうつなげていくのか小学校に説明をし、小学校側が理解するとともに、全ての施設がそれらを一緒に研究する必要があります。全ての小学校と乳幼児期の施設が一堂に会して接続について強く進めていく時期に来ています。幼小接続や連携は単に要領等の問題ではなく、この部分のグランドデザインを示しながら進めていかなければならないと思います。

0歳児からの乳幼児教育、保幼小接続を一緒に進めていくことが今必要であることを、この章に強く記しました。幼稚園、保育所、認定こども園も生きる力の基礎の育成、環境構成重視、生活と遊びから学ぶ、5領域及び心情・意欲・態度の理解、小学校接続までに望まれる姿など基本は同じです。保幼小接続も無償化によりほぼ同一化していくと考えます。

確かに「指導」という言葉が幼稚園教育要領では14回使われ、保育所保育指針では2回であるとか、学校教育における集団の基本は学級にあるという文部科学省の考え方は理解できます。しかしながら、施設給付から個人給付へ変わったことの意味は、どの子も通える園を確保して保育してほしいという願いや、その中に教育と児童福祉両面を担う園が存在してほしいという社会の要請に応えることにあるのではないでしょうか。そのためにはそれぞれの幼保の文化の違いを乗り越えていくことが大切だと思います。言い方を変えれば、幼保の壁を取り払い一緒に次代を構築していくべきだと思うのです。

貧困の国からの脱却について

幼児教育無償化が期待される一方、貧困化も進んでいます。公園デビューという言葉が消え、「密室育児」での発達のゆがみ、子育ての孤立化、産後うつ、虐待、ネット育児、さらに「4歳からでは遅すぎるか」という幼稚園の危機感があります。これらの背後には多重化する困難な状況があります。育児不安の団塊ジュニア世代には愛着、母子関係の葛藤、核家族二代目、三代目には実家機能の低下などがあり、初の少子化世代には近隣、親族、兄弟という資源が枯渇しています。社会の共通ミッションとして、全ての子どもの成長を温かく見守り、支えることのできる社会が望まれています。

改めて今回の子ども・子育て関連3法を考えてみましょう。幼児期の教育・保育、地域子育て支援を総合的に推進することが目標です。国の子ども・子育て支援の方向性は職員配置、研修充実、職員定着、施設を利用していない子ども家庭への対応、乳児保育の考え方、小学校との接続、評価などです。基本の理念は「全ての子どもへ良質な生育環境を保障」し、「子どもと子育て家庭を社会全体で支援する」ことです。効果は「幼・保の壁を越え、地域資源の活用、分断克服」「小さいころから保育を利用しやすく」し、「出産前から切れ目ない支援」をすることです。単なる「待機児童対策」ではない、歴史的意味があります。背景に少子化・人口減少への危機感がありますが、それは児童福祉政策においては戦後初の大転換です。

「救貧・防貧の福祉」から「子ども家庭政策」への変化です。親子の在り方の変化、地域共同体の衰退、高齢対策に20年の遅れがあり「幼」と「老」の格差があります。さらに家庭施策には福祉だけではなく教育が必須なのです。個人的には「子ども家庭施策」が生まれたときから当然のことであるべきだと思っています。

虐待や貧困に陥らないよう予防重視の支援へ、フィンランドの子育て政策の理念やネウボラ（85ページコラム⑲参照）などが参考になります。20世紀モデル（救貧・選別主義）から21世紀（普遍主義）への転換です。第一楽章で述べたように「全ての子育て家庭は要支援」という視点が必要であり、利用者中心のサービス再編、妊娠期からの切れ目ない支援、相談・窓口のワンストップ化など子育ての地域連帯を再構築していくべきです。身近な施設で医療・保健・福祉サービスをワンストップで提供できる利用者中心の社会を作りましょう。

マイ保健師やマイ保育士の必要性があるでしょう。身体面だけではなくメンタル面もケアし、対象は母子だけでなく家族全員、健診も予防接種も無料＝アクセス保障しましょう。たとえ幼稚園であったとしても子育て支援に関しては大きな役割があると今回の幼稚園教育要領の改訂の議論の中でも触れられています。一部をご紹介しましょう。

子供の発達の連続性を踏まえた幼児教育を充実するために、子供一人一人の多様性への配慮や学校と家庭、地域との連携強化の観点から、幼稚園における子育ての支援等について、具体的な留意事項の在り方等に関する検討を行う必要がある。（中央教育審議会２０１５（平成27）年８月26日報告「教育課程企画特別部会　論点整理」より）

現在の施設内外の子育て支援拠点事業にネウボラ的施設の新設にも期待がかかります。保育コンシェルジュの役割も増えてくると思われます。さらに前述した認定こども園化が進めば、必然的に子育ての支援施設が増えていくことになります。この場合の内容をどう進めていくのかは再検討が必要になると思います。また、保育所保育指針の改定も保護者支援から子育て支援という表現で進められています。もちろん余力があることが前提ですが、地域貢献等を考えれば子育て支援が増える可能性があります。全ての自治体や施設が対応することにより大きなセーフティネットが構築されることを望みます。

一方、社会福祉法人改革も進められていますが、本当の大きな論点は地域社会の隙間を埋めるための地域づくりなのだと思います。本来、社会福祉事業は他人を支援する利他的な取り組みです。多様性を容認し、落ちこぼれたり、排除されたりする道を作らない社会統合の制度設計が必要だと思います。

格差社会、貧困の問題、幼小の接続、子ども・子育て支援新制度と幼児教育振興法など、施設や省庁の違いを乗り越えて、乳幼児期に関わる全ての人が胸襟を開いて議論を一歩でも進めていかなければならない時代です。３歳児神話という言葉こそあまり聞かなくなりましたが、いまだに「子育ては親の責任」という考え方が保守政治家の主流を占めていて、それが０歳児など３歳未満児をもつ子育て家庭に対する支援を制度的に確立できない壁になっていると思います。ただでさえ少なくなった子どもです。生まれたときから社会として大切にし、将来の社会を支えてくれる存在に育てられなかったら、この国の将来はありません。虐待、いじめ、不適応など、人生の中でいろいろな困難が待ち受けていますが、そこで挫折して子どもが育たなくなってしまったら未来は来ないのです。「それも親の責任」というのは社会としての責任逃れです。

保育所は、幼稚園に比べて、３歳未満児への関わりについて大きなアドバンテージがあります。それを最大限に生かして、幼保の壁を越えて全員で０歳児からの子育て支援を担うべきです。幼稚園は、単なる入園児の先行確保という意味を越えて、３歳未満児をもつ家庭への教育的な支援も自分たちの使命であるという自覚をもつよう、意識を変えるべきです。そういう変化の先に、５歳児からの教育義務化や幼児教育無償化といった、さらに踏み込んだ施策が出てくる余地があるように思います。

生産年齢期にある人も高齢者も少しずつ時代の要請を受け入れながら、良い方向に変化していく必要があります。終戦から70年、人口的に上り詰めた日本が戦後１００年に向けての新たな変革をイノベーションとともに進めていかなくてはなりません。社会保障制度改革の基本は未来への投資です。女性の活躍は成長戦略の中核であり、新制度とワーク・ライフ・バランスの推進は車の両輪として当分の間は進むのだと思います。子どもたちへの支援は、社会保障の持続可能性・経済成長を支える基本であり、日本社会の未来につながる最重要な政策です。

乳幼児教育のパラダイムの転換とともに、保育のグランドデザインを制度改善しながら進める時期を迎えています。保育所も幼稚園も認定こども園もすでに新たな道を歩んでいます。しかし、それは決して異なる道ではなく、同じ目標を目指して歩む道です。国も自治体も施設もあらゆる問題を乗り越えながら、子どもへの社会の関わりをより良く構築していくことが大切であるとともに、そのための時間は決してたくさんあるわけではないことを認識しなくてはなりません。乳幼児教育の課題、乳幼児は一人一人に焦点をあてた保育と教育が必要であることを忘れずに、ともにこれらを克服できる大きな仕組みを作り上げたいと思います。

芸能等の確保、起業の促進と地方の活性化は未来への重要な布石の一つです。さらに、近隣の東南アジア諸国やインドなどが今後進む方向は、日本が戦後歩んできた道のりであり、こうした国々の支援を進めることでビジネスチャンスが再来してくると考えています。その柱の中に介護や保育が含まれています。

前述した女性のライフイベントと就業継続の成立、乳幼児教育への国家としての取り組みと保育料無償化は、段階を踏んで人口減の最善の対策として一刻も早く進めるべき国家施策です。そして、出産後の復職を目指す人の支援も、働かない人の支援も一緒に考えることが当然です。持続する社会基盤構築の第一歩はここにかかっています。地方の活性化も地方に就職場所を確保する（作ること）が当然の策です。教育の質向上·働く場所·働き方は常に相互に影響する関係にあります。戦後の量による発展から、これからは人口減でも教育の仕方も含めて一人当たりの生産性を向上させる「質による発展」を目指さなくてはなりません。

東日本大震災のような大災害を鑑みると「エネルギー」「外交・国防」「食糧確保（自給）」などの政治的な国家施策は与野党を超えて、日本としての中長期的な施策が必要となっています。問題を一つずつ地道に解決していくことは日本人の得意とするところではないでしょうか。決して楽観視しているわけではないのです。むしろ全体像を俯瞰しながらもピンチをチャンスに変える気概が今の日本には必要だと思います。

日本は千数百年以上の歴史をもつ国です。日本人として受け継いできたDNAと和を重んずる教育は日本人を勤勉で集団活動を得意とした民族に作り上げてきました。しかし、今後は協働しながらも個々人の力を伸ばすことにも焦点をあてていく必要があります。

少子化時代の日本の在り方は、すでに模索を超えてスタートされているといっても過言ではありません。課題はたくさんありますが、その課題をクリアしていくことで世界を驚かせたいと思います。少子化時代の到来による乳幼児からの教育の在り方、高齢化社会における働き方の多様性、機械化されていく社会での新しい職業の在り方などを官民一体となって進めていきましょう。マイナスイメージの「少子化時代」を逆手にとって、日本人としての底力を見せることがイノベーションの進展を図っていく推進力なのだと思われます。

これらがクリアされていけば、経済的に世界をリードしてきた日本が今後ますます世界の指導者として活躍する日も遠くないと考えています。

坂崎eyeコラム ⑳

「少子化時代の日本」が世界を救う

本書でも少子高齢化の引き起こす様々な問題を書いてきました。現在は近代の日本さらに世界においても大きな変革の時期です。日本におけるターニングポイント１点目の明治期初頭は産業革命等で乗り切ってきました。２点目の戦後の経済復興は、それに続く飛躍的な経済力発展で回復させました。どちらも人口増つまりは量による発展を遂げてきました。３点目にあたる現在は想像の及ばない人類史の幕開けであり、日本では今後の人口減が避けられず、最近の論調は悲観的な見方が多くなっています。しかし、これをどう食い止めるのか、どう避けていくのか、今後の進め方によっては新たな日本を作り出すチャンスなのだと私は考えます。日本人が変化のスピードに対して対応が遅いことは確かですが、一方、熟考したのち実行するのは意外に早いと感じています。

個々人の学力を考えてみれば、16 歳から 65 歳の読解力、数的思考力は世界トップクラス、OECD の PISA でも中学生はトップクラスに戻ってきました。今後の学習指導要領も世界的近未来に標準を合わせてきていますし、乳幼児からの教育の重要性も示唆されています。高齢者であっても、ある部分の能力では若い人と遜色のない仕事ができ、この活用方法は大切なことです。特に日本の女性の能力はすばらしいと日頃より感じています。国民全てがそれぞれの場所で活躍し、個々人の生産性を高める土壌作りが急務です。便利で快適すぎたことによる我儘や個人主義、スマホやゲームに夢中な日本人に対する危惧もありますが、非認知的能力やアクティブ･ラーニングなどによる指導が、地道ながら最も時代に対応する近道の教育だと考えられています。

日本の少子高齢化の進展は速度、人口規模とも大きく、人口が少なく移民政策もはるかに進んでいる欧州を真似しても参考にならないと言われますが、見習う部分は多くあります。成功した国の一つであるオランダでは、出産等の女性特有のライフイベントと就業の継続を成立させ、乳幼児教育の国家化（ピラミッド方式）と保育料無償化を進めました。日本でも充分参考となる例です。

近未来は少し見えています。人間が機械と協業化していくこと、ICT（情報通信技術）や AI 革命がビジネスチャンスを生むこと、シルバー産業やアニメーション等のサブカルチャーの展開はイノベーションの原動力となりえます。食糧確保としての第一次産業や日本人の特性を活かす伝統工芸・

終曲

これ以上はない大切なものへ（保育者はアーティスト）

出生数は、団塊の世代の年間約270万人から、ついに90万人代の時代を迎えました。単純に3倍の予算がかけられるのではないか、幼稚園と保育所の多くの仕組みをもってすれば、家庭支援も含めて課題を解決できるのではないかと考えていました。確かにこの20数年、省庁の枠組みも含め、また、財源も含め難しいなかを少しずつ変わってきました。

けれども保活の問題が大きくなり、待機児童対策のみが国民の大きな関心事となり、ここにきてなかなか改革への根本的論議が進んでいないのではないかと思うのです。

待機児童や過疎に現在直面している地域を除くと、多くの自治体は乳幼児施設をどうするか様子を見ている段階です。多くの保育関係者は、今後の乳幼児期の施設の姿や中長期的なデザインを描けてはいません。生まれた子ども全てを対象とし、家庭や地域も含めた乳幼児教育の仕組み、保育料保護者負担への大きな軽減策、保育者のさらなる育成と教育への投資、施設が持続できる仕組み等、子どもの世界を俯瞰して様々な問題を解消していく方法の提供が今後必要なのだと思います。人生は3極化します。子どもの時代、働く時代、高齢期の時代です。どの時代もお互いを大切にしながら、世代を超えて公平性を確保していく持続性ある社会の構築をしなくてはなりません。

一方、社会がグローバル化する中、情報文化やメディアなども大きく変容しています。また、本書でも述べてきたように乳幼児期の子どもに対する新たな知見が発表されています。超少子高齢化等、21世紀の新たな人類的課題、そして不透明性が増す人間像の変化が今後の乳幼児期の教育にも大きな影響を与えています。白梅学園大学学長の汐見稔幸氏は、乳幼児期の学びが遊びだという認識にまだまだ不足があること、そして22世紀に向けて新たなことができる人間が重要であることを示唆しています。自分自身で自分を育てる力（努力する仕方を覚える・努力できる力）、競争より協働、人のことを親身に考えられること、工夫と提案する力、感情コントロール力、社会力、非認知的能力そして協働的な遊びから協働的学び、協働的表現が大切と述べられています。それを支える保育者はアーティストでなければなりません。

私たち子どもの世界を支える人間にとって最も大切なことは、昔も今も、そして未来も不変です。運動会での必死の姿や日々の笑い声であり泣き声であり、これらを大切に思う心です。それは日常を、毎日の暮らしを何かのために犠牲にするのではなく、淡々とそれを支え、子どものために生きていくことです。子どもたちを大切にするために私たち保育者があり、これ以上大切なことはないのです。

子どもが「保育を受ける権利」をもつこと、子どもが望ましい生活を保障されるのは当然であるのを理解し、発達を促し、教育を受ける場所を用意する。保護者を信頼して、かつ支援する。このように子どもの利益のために、園と家庭、地域そして国は協力する関係にあります。

人間の脳は自らの発達で能力を成長させる可塑性をもっており、何か一つを伸ばすと他のものも伸びる汎化性ももち合わせます。脳は遺伝すると言われていますが、多くの才能は後天的に育まれ、学習、技能、考え方に関しては遺伝の影響を受けにくいと言われています。また、記憶を司る海馬は睡眠が足りないと縮み、脳の状態をよりよく保つ生活習慣、例えばきちんと朝食をとることなどが「頭のよさ」に効果的なことも分かっています。基本的な生活習慣の確立や自立した自信のある子に育てること（目標に向かって頑張る力の育成）等、これまで日本の乳幼児期の教育施設が育んできたことをベースにして、バーチャルをリアル化させる体験や経験を積み重ねることが新たな道を切り開いていくのです。

「人の才能とは覚悟の有無だ」と言われたことがあります。大義は、たとえ裏切られたとしても人を信じていくこと。それは私自身が、親や周りの人に信じてもらえたからこそ実感できることかもしれません。自分自身が人として一生懸命に物事にあたるための基本がそこにあると思います。子どものために何かの役に立ちたい、言葉のもつ怖さに配慮しながらも言葉には人を救う力や未来を構築する力があると信じ、本書を書き進めました。

一生懸命やっていたらふわりと穴があいて光が差し込んでくる、今までもそんな瞬間を多くの素晴らしい人と共有して、進んで来ました。解決に苦労している多くの問題も、必ず大きく動くときが来ます。誰にとっても子ども時代の幸せな思い出は人生を支えるこれ以上はない大切なものです。それを保障することを未来への投資といわなくてなんというのでしょうか。

坂﨑隆浩（さかざき たかひろ）
1960 年神奈川県生まれ。その後、青森県に移り大学卒業後、野木保育園勤務。青森短期大学准教授を経て、現在幼保連携型認定こども園ひがしどおり園長（１法人３施設の理事長 / 青森県）の他、日本保育協会理事、保育総合研究会副会長を歴任。1994 年エンゼルプラン、1997 年の児童福祉法改正による保育所の「措置から契約」、2012 年子ども・子育て関連３法の成立に至るまで制度改革における保育界の代表者として参画。
保育の要領・指針の解説から食育まで各分野の執筆、実際の保育現場の指導にもあたる。著書に『保育維新』、監修に『幼保連携型認定こども園　教育・保育要領サポートブック』他多数。他に青森県合唱連盟副理事長現任。

今回の発刊にあたり日本保育学会会長汐見稔幸様、東京大学大学院教授秋田喜代美様、日本保育協会理事長大谷泰夫様からご推薦文をいただきました。大変光栄なことです。さらに白梅学園大学教授無藤隆様、十文字学園女子大学特任教授内田伸子様、東京大学大学院教授遠藤俊彦様、岡崎女子大学教授矢藤誠慈郎様、神戸大学大学院准教授北野幸子様をはじめとした多くの先生方に沢山の教えをいただきました。また、厚生労働省の方々及び保育総合研究会会長椛沢幸苗様・同事務局長東ヶ崎静仁様等の保育現場の方々にも貴重なご助言を賜りました。最後に執筆にあたりご指導いただきました世界文化社の塩坂北斗様、編集協力の百瀬浜路様にも、紙面を借りて御礼を申し上げます。

乳幼児教育から考える　保育所・幼稚園・こども園
少子化時代の保育と教育

PriPri プリプリ ブックス

発行日　2017 年 3 月 10 日　初版第 1 刷発行

著者……………………坂﨑隆浩

発行者…………………髙林祐志
発行……………………株式会社世界文化社
〒 102-8187 東京都千代田区九段北 4-2-29
電話　03-3262-5474（編集部）
03-3262-5115（販売業務部）
印刷・製本……………図書印刷株式会社

イラスト・デザイン……おがわようこ
校正……………………円水社
編集協力………………百瀬浜路
編集……………………塩坂北斗

ISBN 978-4-418-17713-4